Gabriele Leonie Bräutigam

WILDE GRÜNE SMOOTHIES

50 Wildkräuter – 50 Rezepte

HANS-NIETSCH-VERLAG

INHALT

READ ME FIRST

Immer mehr Menschen interessieren sich für Wildkräuter. Sie wachsen kostenlos in Wald und Wiese. Sie überbieten Kulturpflanzen an Vitaminen, Mineralien und sekundären Pflanzenstoffen um ein Vielfaches. Vor allem für die vegane Ernährung sind Wildpflanzen eine Entdeckung: als Lieferant für wertvolles pflanzliches Eiweiß, Eisen und Vitamin B$_{12}$. Oder hätten Sie gedacht, dass unsere heimische Brennnessel an Phytonährstoffen sogar den sprichwörtlich gesunden Spinat um Längen schlägt? Nein?

Dann ist es Zeit, sich für Ihre Grünen Smoothies ab und zu – und mit diesem Buch hoffentlich immer öfter – in der Speisekammer der Natur zu bedienen. Die in diesem Teil des Buches vorgestellten Kräuter wurden nach praktischen Gesichtspunkten ausgewählt: Es sind Wildkräuter, die Sie das ganze Jahr und an jedem Ort leicht und in größerer Menge finden können. Ob in Hamburg, Berlin, München oder Oed: Brennnessel, Vogelmiere, Klee, Luzerne und Giersch wachsen (fast) überall. Sie bilden die Basis Ihrer Wildkräuter-Smoothies – für gesunde Ernährung und ein starkes Immunsystem.

Wie häufig im Leben gehen Gesundheit und Genuss Hand in Hand: Durch Natur- und Geschmackserlebnis schüttet Ihr Körper Glückshormone aus – ein besseres Rezept für eine gesunde Ernährung gibt es kaum. Alle hier vorgestellten Kräutern können Sie wunderbar zu leckeren Smoothies verarbeiten, die vor grüner Kraft nur so strotzen: Probieren Sie's einfach mal aus!

Dieses Buch ist angelegt wie eine Kräuterführung. Begleiten Sie mich auf einer Wanderung durch Wald und Wiese, lernen Sie Neues kennen und erfahren Sie Erstaunliches. Ich stelle Ihnen unsere wichtigsten, schmackhaftesten, smoothie-geeignetsten Wildkräuter vor.

50 leckere Rezepte laden zum Genießen ein …

Viel Spaß!

Ihre *Gabriele Leonie Bräutigam*
– zertifizierte Kräuterführerin –

EINFÜHRUNG

Wildkräuter – unsere heimischen Superfoods

„Superfoods" sind Lebensmittel mit einer signifikant hohen Dichte an Nährstoffen und Radikalfängern. Wenn wir Superfoods hören, denken wir automatisch: Goji, Maca, Spirulina ... Dem kritischen Genießer stellt sich da die Frage: Gibt es in Europa keine Superfoods? Wächst das Gute nur in weiter Ferne? Wohl kaum. Es ist also an der Zeit, unsere heimischen Superfoods wiederzuentdecken: die Wildkräuter. Heimlich, still und leise *und* von uns meist unbeachtet wachsen sie vor unserer Haustür. Sie heißen Brennnessel, Giersch, Luzerne oder Franzosenkraut.

Wildkräuter sind unseren „Kulturpflanzen" im Schnitt weit überlegen. Das Institut für landwirtschaftliche Botanik der Universität Bonn erforschte den Vitamin- und Mineralstoffgehalt und kam zu erstaunlichen Ergebnissen: An Vitaminen sind Wildpflanzen den Kulturpflanzen im Schnitt um das 23-Fache überlegen. Bei Magnesium um das 3-Fache, bei Eisen um das 10-Fache, Ähnliches trifft auf Kalzium zu.*

Schwingen Sie sich also aufs Fahrrad, machen Sie eine Kräuterwanderung oder werden Sie Selbstversorger und räumen Sie der wilden Natur Platz in Ihrem Leben, Ihrem Garten oder auf Ihrem Balkon ein. Entdecken Sie die versteckten Reichtümer der Natur – und ernten Sie Ihre Wochenration Wildkräuter selbst frisch, denn:

Wilde Grüne Smoothies sind die besten Grünen Smoothies,
die Sie je hatten!

Wilde Grüne Smoothies – Energie pur aus der Natur

Grüne Smoothies gelten als die Ernährungsrevolution der letzten Jahre. Entwickelt wurden sie im Jahr 2004 von Victoria Boutenko in den USA. Sie treffen den Nerv der Zeit – als besonders schnelle und reine Form gesunder Ernährung. Grüne Smoothies werden in einem leistungsstarken Mixer hergestellt. Sie bestehen zur Hälfte aus frischen reifen Früchten und zur anderen Hälfte aus grünem Blattgemüse wie z.B. Salat, Kohlblättern, dem Grün von Karotten, Roter Bete usw. Das zugegebene Wasser bestimmt die Flüssigkeit des Getränks. Der besondere Wert des Blattgrüns liegt in seinem hohen Gehalt an Chlorophyll. Und:

Die höchste Konzentration an Chlorophyll weisen Wildpflanzen auf.

Auch an Vitaminen, Mineralstoffen und Enzymen sind Wildkräuter normalem Gemüse weit überlegen. Doch die wertvollen Inhaltsstoffe sind in den Zellen hinter stabilen Zellwänden eingeschlossen wie in einem Safe. Ganz gleich, wie viel Mühe wir uns beim Kauen geben: Kaum jemand kommt auf die etwa 50 Kaubewegungen, die notwendig wären, um robustes Blattgrün im Mund so weit zu zerkleinern und dabei entsprechend einzuspeicheln, dass die Zellwände aufgebrochen werden und all die Vitalstoffe freigeben. Bei normalem Verzehr der Wildkräuter als Zutat in Salaten, Suppen oder sonstigen Gerichten wird daher ein Großteil dieser Stoffe ungenutzt ausgeschieden. Beim Grünen Smoothie ist es die Technik, die uns dem Ursprung näherbringt, denn: Je leistungsfähiger der Mixer, desto effektiver ist das Ergebnis.

* Franke, W.: *Ernährungswissenschaftliche Umschau*, Institut für Landschaftliche Botanik der Universität Bonn vom 28.6.1981

TEIL 1
WILDE KRÄUTER
DIE POWER–FOODS
VON WALD & WIESE

ÜBERLEGENHEIT DER WILDKRÄUTER IN PUNCTO CHLOROPHYLL, VITAMINE, PHYTONÄHRSTOFFE

Die Bedeutung des Chlorophylls und der sekundären Pflanzenstoffe für unsere Nahrung wird derzeit völlig neu bewertet. Spitzenwerte weisen hier Wildkräuter auf. Wir müssen nichts anderes tun, als sie zu ernten.

Höchstwerte bei Chlorophyll

Chlorophyll ist in seiner chemischen Zusammensetzung fast identisch mit dem Hämoglobin, unserem rotem Blutfarbstoff. Der zentrale Kern des Chlorophylls besteht aus Magnesium, der des Hämoglobins aus Eisen. Und tatsächlich wirkt Chlorophyll als pflanzlicher Folsäure-Lieferant blutbildend, verbessert damit die Versorgung von Gehirn und Muskulatur mit Sauerstoff und steigert so die körperliche und mentale Leistungsfähigkeit. Das macht Wildkräuter-Smoothies zum Powerfood für Sportler, Manager, bei Stress, im Wachstum ...

Heute wissen wir, dass die grüne Kraft – „Viriditas", wie Hildegard von Bingen sie als Quelle allen Lebens nannte – am stärksten in ihrer ursprünglichen Form wirkt: frisch gepflückt und roh. Grüne Smoothies verwenden meist das Blattgrün unserer Kulturpflanzen als Chlorophyllträger. Viktoria Boutenko bewies eindrucksvoll, dass das Grün häufig mehr gesundheitsrelevante Pflanzenstoffe enthält als Knollen. Aber welche Pflanzen tragen die stärkste Grünkraft in sich? Sind es Pak Choi oder Baby-Spinat, Weizengras oder Rucola? Es sind unsere heimischen Wildkräuter.

Überlegenheit der Wildpflanzen als Chlorophyll-Lieferant

Gehalt je 100g essbarem Inhalt*

Pflanze	Chlorophyll a	Chlorophyll b
Brokkoli	26 mg	6 mg
Spinat	95 mg	20 mg
Im Vergleich:		
Brennnesssel	185 mg	173 mg

Durch die mechanische Aufschlüsselung mit einem Hochleistungsmixer stehen uns die Pflanzennährstoffe nun in einer Dichte zur Verfügung, wie man sie sonst aus Nahrungsergänzungen/Supplementen kennt.

WERTVOLLE LIEFERANTEN VON EIWEISS, EISEN & VITAMIN B$_{12}$

Gerade für die vegane Ernährung sind Wildkräuter besonders wertvoll. Allen voran die Lieferanten hochwertiger pflanzlicher Proteine wie die **Brennnessel**, die **Wilde Malve**, der **Giersch** und die **Gartenmelde**. *Wichtig:* Pflanzliches Eiweiß erreicht erst in der Kombination mit Vitamin C eine ähnlich hohe Bioverfügbarkeit wie tierisches Eiweiß – im Smoothie automatisch gewährleistet durch die Früchte. Auch als Eisenlieferant leisten Wildkräuter für eine ausgewogene Ernährung hervorragende Dienste und können so manche Nahrungsergänzungsmittel auf natürliche Weise überflüssig machen. Die in den folgenden Listen aufgeführten Wildkräuter sind weit verbreitet und wachsen schnell und üppig, sodass sie von Frühjahr bis Herbst stets ausreichend zur Verfügung stehen. Ein Ausflug in die Natur lohnt sich also!

Überlegenheit der Wildpflanzen bei Eiweiß und Eisen
Gehalt je 100 Gramm essbarem Anteil**

Eiweiß		*Eisen*	
Brennnessel	7,4 g	Breitwegerich	4300 µg
Giersch	8,4 g	Brennnessel	4100 µg
Gundermann	6,1 g	Franzosenkraut	4800 µg
Guter Heinrich	6,5 g	Gartenmelde	6100 µg
Luzerne	6,9 g	Gundermann	3700 µg
Wilde Malve	7,3 g	Wilde Malve	4100 µg

Im Vergleich:		*Im Vergleich:*	
Spinat	2,8 g	Spinat	3400 µg
Kopfsalat	1,2 g	Kopfsalat	314 µg

Vitamin B$_{12}$ wird von Pflanzen nicht gebildet. Je nachdem, wo die Pflanzen wachsen, können sich auf den Blattoberflächen jedoch Mikroorganismen ansiedeln, die Vitamin B$_{12}$ bilden. Auf denaturierten Agrarflächen wenige, bei Wildpflanzen viele. Das macht Wildpflanzen für die vegane Ernährung besonders wertvoll.

* Quelle: Habermehl, Gerhad G., Hammann, Peter E., Krebs, Hans C., Ternes, W.: *Naturstoffchemie. Eine Einführung.* 3. Auflage. Springer, Berlin 2008, Seite 530.
** Quelle: Der kleine Souci, Fachmann, Kraut: *Lebensmitteltabelle für die Praxis*, Seite 286, 319, 334

KURZE GENUSSANLEITUNG FÜR 3-MINUTEN-POWER-DRINKS

Wilde Grüne Smoothies trinken Sie am besten morgens. Warten Sie, bis Sie ein wenig Hunger haben. Das ist das Signal, dass ihr Körper aufnahmebereit ist für die wertvollen Nährstoffe, die ihm der Smoothie zur Verfügung stellt. Beginnen Sie mit einem Wildkräuteranteil von etwa 20 Prozent in ihrem Wilden Grünen Smoothie. Denn wie bereits eingangs erwähnt: Wildkräuter überbieten Salat und Gemüse an Chlorophyll, Vitaminen und Mineralien um das bis zu 23-Fache. Hier gilt: Weniger ist mehr!

Wild Green on Ice

Das gilt auch für den Wasseranteil: Üblicherweise mixt man Grüne Smoothies mit ½ Liter Wasser oder mehr. Doch Wildkräuter sind nicht nur erheblich reicher an Inhaltsstoffen, sondern auch an robusten Pflanzenfasern. Diese stellen einerseits wertvolle Ballaststoffe dar, andererseits klumpen sie im Mixer leicht zusammen und bilden eine „Suspension", wie der Chemiker sagen würde. Damit Ihr Wilder Grüner Smoothie eine schöne seidig-glatte Konsistenz bekommt, empfiehlt es sich, wie auch in den Rezepten vorgeschlagen, weniger Wasser und dafür 1 Handvoll Crushed Ice in den Mixer zu geben. Trinken Sie das Wasser (empfehlenswert ist etwa 1 Liter) dann entspannt anschließend im Laufe des Vormittags, denn Wildkräuter aktivieren den Stoffwechsel und durch das Wasser werden etwa freigesetzte Schadstoffe schnell ausgeleitet.

In der Ruhe liegt die Kraft

Und zum Schluss noch ein Tipp: Nehmen Sie sich Zeit, Ihren Wildkräuter-Smoothie Schluck für Schluck mit allen Sinnen zu genießen. Die Aufnahme der wertvollen pflanzlichen Inhaltsstoffe beginnt bereits im Mund. Gönnen Sie Ihrem Körper eine gewisse Regelmäßigkeit. Wenn Sie morgens wenig Zeit haben, nehmen Sie Ihren Wildkräuter-Smoothie mit und trinken ihn vormittags bei der Arbeit. Auf diese Weise fällt es am leichtesten, die Kontinuität aufzubauen, für die Ihr Körper Sie belohnen wird.

ZUM WOHL!

Wildkräuter aktivieren den Stoffwechsel. Trinken
Sie zu Ihrem Wilden Grünen Smoothie viel Wasser,
damit Ihr Körper die Schadstoffe gleich ausspülen
kann. Servieren Sie es in einer schönen Karaffe –
das Auge trinkt mit!

ZAUBERTRÄNKE DER NATUR –
FÜR ALLES IST EIN KRAUT GEWACHSEN

Weniger ist mehr. In der Naturheilkunde nutzt man die Pflanzen, um Impulse zu setzen, die körpereigenen Selbstheilungskräfte zu aktivieren. Mixen Sie bei Bedarf einfach die entsprechenden Wildkräuter in Ihren Wilden Grünen Smoothie. Im Folgenden stelle ich Ihnen zu jedem Themenbereich jeweils 5 besonders geeignete Wildpflanzen vor. Ihr Körper braucht Abwechslung, damit er sich nicht zu sehr an eine Wirkstoffkombination gewöhnt und abstumpft. Verwenden Sie ein Kraut nicht länger als 3 bis 4 Wochen – genießen Sie die natürliche Vielfalt der Geschmäcker. Folgen Sie bei der Auswahl Ihrem Bauchgefühl!

Wildkräuter als lebenswichtige Nahrungsergänzung?

Wer sich gesund ernährt, isst 5-mal täglich 1 Handvoll frisches Obst und/oder Gemüse, alle Farben gemischt – so die Empfehlung der Deutschen Gesellschaft für Ernährung. Auf diese Weise schütze man sich am besten vor den heutigen Volkskrankheiten: Herz-Kreislauf-Erkrankungen, Arthrose, Krebs, Diabetes und Demenz.

Was ist dran an dieser Empfehlung und was ist (noch) drin in Obst & Gemüse? Die Journalistin Jo Robinson kommt in ihrem 2013 veröffentlichten Buch *Eating on the Wild Side* zu dem Schluss, dass die Gleichung „Gemüsekonsum = gesund" heute zu kurz greift. Unbestreitbar sei es ein Erfolg der industrialisierten Landwirtschaft, dass sie es ermögliche, viele Menschen mit Gemüse auf gleichmäßig „hohem" Qualitätsstandard zu versorgen.

Bei den ertragreichen Hybridsorten habe der Anteil an Phytonährstoffen allerdings einen Tiefstand erreicht. Wichtig sei es daher, auf die Sorte zu achten, wolle man sich etwas Gutes tun und Allergien vorbeugen. Alte Apfelsorten z. B. enthalten bis zu 100-mal mehr Phytonährstoffe als ein *Golden Delicious*-Apfel.

Wildkräuter sind daher essenziell als „Nahrungsergänzung":
Die Natur versorgt uns mit den Vitalstoffen, die wir brauchen, in der
Kombination, die unser Körper optimal verwerten kann.

In einem Wildkräuter-Smoothie kommt es nicht nur auf die Wildkräuter an. Verwenden Sie bei Obst und Gemüse am besten alte Sorten: Diese sind reicher an pflanzlichen Inhaltsstoffen – den Unterschied schmecken Sie sofort. Beziehen Sie – wenn möglich – Ihr Obst im Sommer und Herbst von heimischen Streuobstwiesen. Oder helfen Sie Ihrem Nachbarn, seine alten Apfelbäume abzuernten.

Wildkräuter gegen Stress & Burn-out

Burn-out, Stress und Müdigkeit plagen uns heute mehr als früher: ein neuer Arbeitsplatz oder Chef, enge Deadlines, Beziehungskrisen, Trennungen, Krankheit oder Tod geliebter Menschen, Pubertät und Wechseljahre ... Auch der monatliche Zyklus bei Frauen, Wetterwechsel, die körperliche Umstellung im Frühjahr und im Herbst können empfindlichen Menschen zusetzen. Allein an der Länge dieser Liste sehen Sie, was unser Körper tagtäglich leistet. Wenn wir uns also gestresst und ausgepowert fühlen, heißt das: Unser Körper braucht eine Extraportion Energie, um in Balance zu bleiben. Sofort! Zieht die Versorgung nicht zeitgleich mit, reagiert er mit Konzentrationsmangel und Erschöpfung. Und: Fehlt dem Körper die Kraft, leidet die Liebe. Das wird zu Beziehungskrisen führen und den Endorphinhaushalt aus dem Gleichgewicht bringen ... willkommen im Hamsterrad des Lebens. Und nun? Eine Frauenärztin erklärte es mir so: Sie gehen zum Arzt – und er findet nichts! Wahrscheinlich sind sogar Ihre Blutwerte im Normalbereich, also in jenem breiten Korridor, der im Gesundheitswesen als „Nichtkrank" definiert ist. Dennoch kann es sein, dass Ihr Körper, für sich betrachtet, innerhalb dieses weiten Zielfensters individuell unterversorgt ist. Ihr Gefühl ist also durchaus richtig. Was können Sie nun für sich tun?

Wilde Grüne Smoothies liefern Energie just-in-time!

Wilde Grüne Smoothies versorgen Sie mit einem breiten Spektrum an hochwertigem pflanzlichem Eiweiß, sekundären Pflanzenstoffen, Vitaminen, Mineralstoffkombinationen, Enzymen und Phytonährstoffen. Die natürliche Synergie der Inhaltsstoffe ermöglicht es Ihrem Körper, sich das Passende herauszusuchen. Im Gegensatz zu (selbst natürlichen) Nahrungsergänzungsmitteln liegen die Verbindungen in wilden Kräutern in Kombinationen vor, die besonders leicht aufgenommen und verstoffwechselt werden können. Folgen Sie bei der Auswahl der Kräuter Ihrem Geschmack, er weist Ihnen den richtigen Weg! Bei Wildkräutern ist er noch nicht durch künstliche Aromastoffe verformt – er funktioniert einwandfrei intuitiv, abgestimmt auf Ihren persönlichen Stoffwechsel.

EMPFEHLUNG: Die **Brennnessel**, vor allem **Brennnesselsamen**, gelten als Vital-Booster. Wenn Sie den etwas herb-nesseligen Geschmack erst einmal lieb gewonnen haben, fällt es Ihnen leicht, zum Aufbauen für 3 bis 4 Wochen in Ihrem Wildkräuter-Smoothies 10 Brennnesselblättchen oder 1 Teelöffel Brennnesselsamen mitzumixen. Rotklee hilft durch seine Phytohormone Frauen in den Wechseljahren und bei PMS, den Hormonzyklus zu regulieren. Die **Kapuzinerkresse** aktiviert vor allem die körpereigene Immunabwehr, die bei Stress stark leidet.

Wildkräuter für die Schönheit

„Wahre Schönheit kommt von innen", heißt es. Stimmt. Glänzendes Haar, eine rosige, elastische Haut und ein strahlender Blick sind Zeichen, dass unser Mineralstoffhaushalt optimal eingestellt ist. Am überzeugendsten konnte mir diesen Zusammenhang von Gesundheit und Schönheit ein Fachmann erklären: mein Friseur.

Seit einiger Zeit trinke ich jeden Morgen einen Wilden Grünen Smoothie mit Brennnesseln. Zugegebenermaßen eher aus Faulheit, weil sie eben von März bis Dezember so schön ums Haus wachsen. Als ich nun wie üblich zum Friseur ging, stellte dieser erstaunt fest, dass meine Haare 1 Zentimeter mehr gewachsen waren als gewöhnlich. Ich war völlig verblüfft. Aber natürlich – Brennnessel-Tee wird seit jeher als Schönheitsmittel eingesetzt. Da erstaunt es nicht, dass ein Smoothie, in dem Brennnesseln roh verarbeitet werden, womöglich noch wirkungsvoller ist. Der Friseur erklärte mir dann den Wirkmechanismus wie folgt: „Ganz klar. Wenn der Körper unterversorgt ist, geht er sofort in den Energiesparmodus. Und zuerst spart er bei den Haaren: Sie wachsen langsamer, dünner, verlieren Glanz, fallen aus. Dann bei der Haut. Ganz besonders merkt man das im Frühjahr und im Herbst." Die schlimmste Belastung für Haut und Haar sind seiner Meinung nach übrigens Diäten: „Wenn die Frauen wüssten, was sie sich da antun, sie würden es lassen." Diäten bedeuten für den Körper Unterversorgung an Nährstoffen bei gleichzeitigem Freisetzen von Metaboliten, die sich im Fettgewebe abgelagert haben. Ein Wilder Grüner Smoothie zum Frühstück stellt auch hier die ausreichende Versorgung mit Mineralien sicher.

EMPFEHLUNG: Acker-Schachtelhalm- und Brennnessel-Smoothies sind besonders reich an Kieselerde, die zum Aufbau von Haut, Haaren und Fingernägeln benötigt wird. Die Brennnessel hat in der Schönheitspflege eine lange Tradition – von Brennnesseltee-Tinktur bis zur Haarspülung. Der **Acker-Schachtelhalm** strafft das Bindegewebe: Erste Hilfe bei Cellulite, Venenschwäche, Krampfadern. Und er schmeckt überraschend gut. Rotklee ist speziell für Frauen ab vierzig empfehlenswert: Isoflavone helfen den Östrogenspiegel auszugleichen. Östrogen ist ein anaboles (aufbauendes) Hormon. Sinkt der Östrogenspiegel, leiden zuerst Haut und Haar: Die Spannkraft lässt sichtbar nach. Die Goldrute macht schöne Beine – sie aktiviert an heißen Tagen unseren trägen Lymphfluss und wirkt geschwollenen Beinen entgegen. Das Franzosenkraut – auch „Energiepflanze" genannt – versorgt unseren Körper rundum.

Wildkräuter als Hausapotheke

Die üblichen Alltagszipperlein kann man mithilfe von Mutter Natur meist gut selbst kurieren. Das spart Zeit, Geld und bewahrt Sie davor, im Körper Resistenzen aufzubauen, die im Notfall die Wirkung wertvoller Medikamente (z. B. Antibiotika und Schmerzmittel) einschränken. Gleichzeitig wirken Wilde Grüne Smoothies wie ein sanftes Fitnessprogramm auf das Immunsystem. Sie helfen, Ihre Körperkonstitution insgesamt zu verbessern.

Zwischen „Gesundheit" im Sinne der WHO-Definition als „Zustand des völligen körperlichen, geistigen und sozialen Wohlergehens" und Krankheit liegt ein weites Feld an unspezifischen Balancestörungen, Immunproblemen und vorzeitiger Zellalterung. Diese Befindlichkeitsstörungen können wir mit Heilkräutern – und ganz speziell in ihrer Reinform als Wildkräuter-Smoothie – selbst in Griff bekommen. Für unsere Gesundheit schenken uns Grüne Smoothies mit wilden Kräutern also ein Stück Autonomie – die Selbstbestimmung über unseren Körper.

EMPFEHLUNG: Bei Erkältungskrankheiten hilft **Kresse**, je schärfer, desto besser. Ihre Senfglycoside wirken als pflanzliches Antibiotikum. *Wichtig:* Sobald es im Hals zu kratzen beginnt, 1 kleine Handvoll Kresse in den Smoothie geben. **Spitzwegerich** – die Arzneipflanze 2014 – ist als Wunderwaffe gegen Husten medizinisch anerkannt. **Baldrian** und Hopfen helfen bei innerer Unruhe, ohne müde zu machen – und schmecken im Wilden Grünen Smoothie einfach raffiniert. Der herb-würzige **Gundermann** wurde schon im Mittelalter verwendet, um „Schleim" (*Gund*) als Quintessenz aller entzündlichen Prozesse aus dem Körper auszuleiten. Schafgarbe fördert die Heilung.

Wildkräuter als Schlankmacher

Wer Frühstück oder Abendessen durch einen Wilden Grünen Smoothie ersetzt, wird sich mit der Zeit automatisch seinem Idealgewicht nähern. Wildkräuter-Smoothies machen satt, ohne zu belasten. Nach ein paar Tagen Umstellungszeit fühlt man sich angenehm leicht, ist gut gestimmt und kann sich besser konzentrieren.

Warum Sie mit Wildkräuter-Smoothies abnehmen und sich satt fühlen

Wenn der Körper mit organischen Mineralstoffen gesättigt ist, so die Theorie von Ayurvedaarzt und Wildkräuterspezialist Dr. John Switzer, fühlt man sich satt, das Hungergefühl erlischt. Bei den mineralstoffreichen Wildkräutern und Wildbeeren stellt sich dieses „Ich bin so satt, ich mag kein Blatt"-Gefühl schnell ein. Wir fühlen uns gut genährt, aber unbelastet. Bis der Körper sich komplett auf die neue Kost eingestellt hat, kann es allerdings 4 bis 6 Wochen dauern.

Der hohe Chlorophyllgehalt führt dazu, dass der Fruchtzucker des Obstes im Smoothie langsamer verstoffwechselt und in weit geringerem Maße zu Körperfett umgebaut wird. Der Blutzuckerspiegel bleibt stabil, Heißhunger und plötzlicher Leistungsabfall bleiben aus. Der geringe Mineralstoffgehalt in modernen Obst- und Gemüsesorten – eine der Ursachen für Heißhungerattacken bei Rohköstlern und Veganern – kann gerade mit Wildkräuter-Smoothies gut ausgeglichen werden.

Wildkräuter für Anti-Aging & Detox

Wer täglich einen Spaziergang macht und dabei Kräuter für seinen Smoothie sammelt, bewegt sich automatisch ausreichend (etwa 20 Minuten), kommt ans Licht (gut für die Vitamin-D-Produktion) und beugt damit ganz nebenbei degenerativen Knochenerkrankungen wie z. B. Osteoporose vor. Alle Sinne werden stimuliert, was die Hormonausschüttung fördert, der Körper wird besser mit Sauerstoff versorgt. Fast könnte man meinen, es handele sich hier um die Beschreibung eines neuen Anti-Aging-Wundermittels. Doch genau das ist ein kleiner Wildkräuterspaziergang, bei dem Sie sich 2 Handvoll Kräuter suchen und diese anschließend zu einem leckeren Powerdrink mixen.

Sind wir in der Natur, so sehen wir die Dinge aus einer anderen Perspektive – einer, die uns befreit. Der Duft des Grases, das Singen der Vögel und das Summen der Insekten, all das lässt uns aufatmen, erlöst uns aus dem täglichen Kampfmodus und verwandelt uns in sinnliche Wesen. Schnell kommen wir auf andere Gedanken … Wir erleben die Natur als Ort des ständigen Wandels: Pflanzen wachsen und vergehen. Altern ist also normal und wünschenswert. Alle 6 Wochen erreichen andere Pflanzen ihren Höhepunkt: die Blüte. Davor treiben sie Sprosse und Blätter, danach Früchte,

im Winter ziehen sie alle Kraft in der Wurzel zusammen. Oder sie verstreuen ihre Samen weit und fangen im nächsten Frühjahr auf diese Weise neu an. Wir Menschen dagegen möchten aber am liebsten ein Leben lang junges Grün sein und übersehen dabei die Gaben der reifen Frucht. Wie schade. Anti-Aging durch Wildkräuter heißt – abgesehen von ihren wertvollen, zellschützenden Antioxidantien – von der Natur lernen, glücklich zu leben. Könnte es sein, dass das beste Anti-Aging-Programm oft ein Perspektivwechsel ist? Es lohnt sich darüber nachzudenken ...

Detox: Entgiften & Entschlacken mit Wildkräutern

Wir nehmen durch Feinstaub, Desinfektions- und Reinigungsmittel, Kunstdünger, Herbizide und Pestizide, Konservierungs-, Farb- und Zusatzstoffe, Medikamente, Verhütungsmittel und Parfümstoffe sehr viele körperfremde Substanzen zu uns. Es gibt zwar jeweils streng kontrollierte Grenzwerte, doch diese sagen nichts darüber aus, wie der Cocktail der insgesamt aufgenommenen Stoffe in unserem Körper wirkt. Unser Stoffwechsel verarbeitet sie allesamt zu Metaboliten, die dann über Niere und Blase ausgeschieden werden. Gelingt das nicht (mehr), werden die Metaboliten im Fettgewebe abgelagert.

Schon in den alten Kräuterbüchern widmet sich die Gesundheitspflege darum ausführlich dem Aktivieren der Nierenfunktion, früher „Blutreinigung", heute „Detox" genannt, und dem Ausspülen von Schadstoffen und Stoffwechselprodukten, meist unter dem Stichwort „Entgiften" oder „Entschlacken" zusammengefasst.

Im Alltag sind toxische Stoffe vor allem im Rahmen von Blitzdiäten ein Problem. Wenn sie schlagartig freigesetzt werden, kann es tatsächlich zu vergiftungsähnlichen Zuständen kommen. Diese werden oft beschönigend als „Entgiftungssymptome" bezeichnet. Auch hier helfen Wildkräuter-Smoothies: Das Chlorophyll dämpft nicht nur das Hungergefühl, es verhindert auch unangenehmen Mund- und Körpergeruch. Goldrute, Gänseblümchen, Vogelmiere und junge Birkenblätter verleihen einer Schlankheitskur zusätzlich verjüngende Wirkung und helfen überflüssige Stoffwechselprodukte schnell abzutransportieren.

EMPFEHLUNG: Bewegung, Kräuter und Wasser in Kombination – eine wirksamere Therapie kann Ihnen auch ein hochklassiges Wellness-Retreat kaum bieten. Genau dies sind die Zutaten eines äußerst wirkungsvollen Wildkräuter-Smoothies: Auch wenn Sie nur am Wochenende Zeit für eine Kräuterwanderung haben und dabei Ihre Wochenration Wildkräuter sammeln, sind Sie gut dabei. Die empfohlenen Wildkräuter dienen vor allem der Anregung des Stoffwechsels und sind besonders reich an zellschützenden Antioxidantien. Der stark basische **Giersch**, das „Gichtkraut", hilft Harnsäure zu neutralisieren; die **Goldrute** wirkt entwässernd; der Löwenzahn aktiviert die Gallensekretion und sorgt für eine zügige Darmpassage. Die **Mariendistel** und die **Wegwarte** unterstützen die Leber, den „Hidden Champion" unseres Körpers, schädliche Stoffe, die eine vorzeitige Zellalterung fördern, schnell auszuscheiden.

Auf 1 Blick: Die besten Wildkräuter für Gesundheit, Schönheit & Wohlbefinden!

5 Wildkräuter für
Energy-Drinks
- Brennnessel
- Franzosenkraut
- Giersch
- Luzerne
- Wilde Möhre

5 Wildkräuter für
die Schönheit
- Acker-Schachtelhalm
- Brennnessel
- Franzosenkraut
- Goldrute
- Rotklee (Frauen)

5 Wildkräuter fürs
Anti-Aging
- Giersch
- Goldrute
- Löwenzahn
- Mariendistel
- Wegwarte

5 Wildkräuter für
Kraft und innere Gelassenheit
- Brennnessel
- Franzosenkraut
- Kapuzinerkresse
- Luzerne
- Rotklee (Frauen)

5 Wildkräuter für
die „Grüne Apotheke"
- Baldrian
- Gundermann
- Kresse (Brunnen-, Kapuziner-)
- Schafgarbe
- Spitzwegerich

TEIL 2
SELBSTVERSORGER

TIPPS UND TRICKS FÜR WALD, WIESE & KÜCHE

WILDKRÄUTER SAMMELN:
WIE KOMME ICH ANS GRÜNE KRAUT?

Die Natur versorgt uns mit Kräutern, die unsere Gesundheit und unser Wohlbefinden rund ums Jahr optimal unterstützen: **Löwenzahn** bringt im Frühjahr den Stoffwechsel in Schwung, **Spitzwegerich** vertreibt die letzte zähe Erkältung, **Linde** und **Minze** wirken im Sommer angenehm kühlend, im Herbst stärken vitaminreiche Wildbeeren wie die Hagebutte unsere Immunabwehr. Die Speisekammer – und die Hausapotheke der Natur – sind immer gut gefüllt. Wir sind herzlich eingeladen, diesen Reichtum zu genießen. Bevor Sie starten, möchte ich Ihnen noch einige hilfreiche Tricks verraten, die sich auf meinen Kräuterwanderungen bewährt haben.

Ausrüstung für Wald & Wiese

Starten wir mit der Ausrüstung. Was Sie jetzt lesen, klingt für Sie vielleicht selbstverständlich. Ist es aber nicht, wie ich an den FAQs der Kräuterwanderungen immer wieder feststelle. Wer sich auskennt, kann das Kapitel überblättern.

Ich persönlich – als Kräuterführerin bin ich fast täglich in der Natur – bevorzuge kniehohe Gummistiefel. Die schützen zuverlässig vor nassen Füßen (Wiesen sind am Morgen taufrisch) und vor Zecken. Aus gleichem Grund lange Hosen. Sie dürfen aber am Saum nicht weit und offen sein. Sonnenschutz ist ein Muss: Das klingt selbstverständlich – wir sollten immer bedenken, dass wir uns bei einer Kräuterwanderung etwas Gutes tun wollen. Das Gleiche gilt für den Regenschutz. Selbst wenn man normalerweise im strömenden Regen keine Kräuter sammelt – das knackfrische Frühjahrsgrün, das in Wildkräuter-Smoothies besonders gut schmeckt, ist bei Regen in Hochform: Brennnessel, Giersch, Scharbockskraut, Kresse, Minze, Bärlauch, Knoblauchsrauke, Wiesen-Labkraut. Gönnen Sie sich auch mal einen Ausflug in den warmen Maienregen – Sie werden Kraft tanken für die ganze Woche und kommen mit einer Wochenration feinster Wildkräuter nach Hause.

Zum Sammeln eignet sich ein mittelgroßes Weidenkörbchen. In dieses können Sie Tüten und Kräuter locker hineinlegen. Wichtig ist, dass es groß genug ist, damit die Kräuter nicht zerdrückt werden. Bei starker Sonne decken Sie den Korb mit einem hellen Leinentuch (beispielsweise einem Geschirrtuch) ab, damit die Pflanzen nicht so schnell welken. Zum Ernten verwenden Sie ein scharfes Messer oder eine Schere, um krautige Triebe und Blüten abzuschneiden, für Büsche eine Gartenschere. Achten Sie auf saubere Schnitte und bemühen Sie sich, die Pflanze so wenig wie möglich zu schädigen.

Um Ihre Ernte unbeschadet und knackig nach Hause zu bringen (das kann dauern), transportieren Sie krautige Pflanzen mit weichen Blättern (Giersch, Bachbunge, Kresse, Gänsedistel) in durchsichtigen Tiefkühlbeuteln (4 bis 6 Liter), in die Sie ein nasses Stofftaschentuch oder ein Stück angefeuchtetes Küchenkrepp gelegt haben. Blasen Sie die Beutel etwas auf, damit sich ein schützendes Luftpolster bildet, und verschließen Sie sie mit einer Gefrierklammer. Pflanzen, die Sie sammeln, um sie anschließend zu trocknen, transportieren Sie am besten in Papiertüten (etwa in Butterbrottüten).

5 Tipps zur Ausrüstung:

Alles, was Sie brauchen sind:

- 1 Körbchen
- 1 Gartenschere
- 1 scharfes Messer
- Mehrere Tiefkühlbeutel und
- 1 Leinentuch (etwa ein Küchenhandtuch)

Achtsamkeit in der Pflanzenwelt

Wildkräuter für den Eigenbedarf zu sammeln wird im Naturschutzgesetz ausdrücklich erlaubt. Jeder darf „wild lebende Blumen, Gräser, Farne, Moose, Flechten, Früchte, Pilze, Tee- und Heilkräuter sowie Zweige wild lebender Pflanzen aus der Natur an Stellen, die keinem Betretungsverbot unterliegen, in geringen Mengen für den persönlichen Bedarf pfleglich entnehmen und sich aneignen" (Bundesnaturschutzgesetz § 39 Absatz 3). In der Fachsprache heißt der Paragraph die „Handstrauß-Regel": Alles, was gut in eine Hand passt, dürfen Sie sammeln, mehr nicht. Aber mehr braucht der Selbstversorger ja auch nicht. Geschützte Arten sind von dieser Regelung ausgenommen, dazu zählen zum Beispiel Schlüsselblume oder Mariendistel. Diese beiden Pflanzen kann man für den Eigenbedarf im Garten anbauen.

Die Naturschutzgesetze unterscheiden sich je nach Land bzw. Bundesland. So kann es sein, dass eine Pflanze, die auf der Fränkischen Alb weitverbreitet und nicht geschützt ist, in Mecklenburg-Vorpommern nicht gepflückt werden darf. Unter besonderem Schutz stehen Naturschutzgebiete und Biosphären-Reservate. Eine Übersicht über Naturschutzgebiete finden Sie unter *www.geodienste.bfn.de/schutzgebiete*.

5 Faustregeln für erfolgreiches Sammeln

- Die Flora wechselt etwa alle 6 Wochen – für die gesunde Vielfalt auf der Wiese ist also gesorgt.
- Jede Pflanze durchläuft einen Vitalkreislauf: Im Frühjahr ernten wir die Blätter, im Sommer die Blüten und im Herbst die Früchte.
- Ernten Sie immer die frischen, weichen Triebe (die Sie um den Finger wickeln können), später im Jahr: nur die oberen/inneren Blätter.
- Manche Pflanzen sind nur vor der Blüte genießbar, wie z. B. Scharbockskraut oder Beinwell.
- Halten Sie die Kräuter nach der Ernte frisch und schützen Sie sie vor Sonne, damit die Inhaltsstoffe nicht verloren gehen.

Gutes Timing – Zur rechten Zeit am richtigen Ort

Kräuter sammeln können Sie zu (fast) jeder **Jahreszeit**. Wem es nicht zu mühsam ist, der findet auch unter dem Schnee gesundes Grün. Die eigentliche Kräutersammelsaison beginnt (je nach topografischer und Wetterlage) im März und dauert bis zum ersten starken Frost (meist November). Je nach Jahreszeit liegt der Schwerpunkt der grünen Energie in einem anderen Pflanzenteil. Im Frühjahr im Blatt, im Sommer in der Blüte, im Herbst in den Früchten. Nach dieser Faustregel ernten Sie immer die wertvollsten Pflanzenteile für Ihren Grünen Smoothie.

Die richtige **Tageszeit** ist entscheidend für die Intensität des Geschmacks und die Dichte der Inhaltsstoffe. Bei Blütenpflanzen müssen sich die Blüten geöffnet haben, der Tau sollte abgetrocknet sein. Außerdem darf es 24 Stunden vor der Ernte nicht geregnet haben, da das Regenwasser die Aromen ausspült (aus diesem Grund waschen wir Blüten auch nicht!).

Kräuter, die reich an **ätherischen Ölen** sind (wie Dost, Quendel und Beifuß) sammeln Sie in der Zeit, sobald der Tau abgetrocknet ist (das heißt ab etwa 9 bis 10 Uhr), aber bevor die Sonne ihren höchsten Stand erreicht hat (bis mittags). Warum Sie vor der Mittagszeit ernten? Durch die Sonnenwärme verdampft das ätherische Öl und legt sich wie eine schützende Aura um die Pflanze. Diese duftet nun zwar besonders gut, die wertvollen ätherischen Öle verflüchtigen sich aber gleich nach dem Pflücken.

Krautiges Grün (wie Giersch, Wegerich und Nessel) für Smoothies können Sie bei Regen den ganzen Tag über pflücken. Wichtig ist vor allem, dass diese Kräuter nicht durch Sonne strapaziert und angewelkt sind.

RISIKEN RICHTIG EINSCHÄTZEN LERNEN

Thema „Nitrat und Schadstoffbelastung"

Die in diesem Buch vorgestellten Wildpflanzen sind weitverbreitet. Bis zu 3- bis 4-mal pro Jahr können Sie sie schneiden – die meisten wachsen umso fleißiger nach, je öfter Sie ernten. Die höchste Wirkstoffdichte haben die Blätter der Kräuter vor der Blüte. Im weiteren Verlauf des Jahres steigt allerdings der Nitratgehalt in den Blättern: vor allem bei Brennnessel, Gundermann und Vogelmiere. Vor Nitrat und Nitrit wird gewarnt, da sie im Körper zu Nitrosaminen umgebaut werden, die in hoher Menge als krebserregend gelten. Zur kritischen Einschätzung dieses Risikos hilft folgende Tabelle. Sie zeigt, dass Wildpflanzen meist weitaus weniger belastet sind als Kulturpflanzen.

Nitrat: Vergleich Wildpflanzen vs. Kulturpflanzen

Menge mg/100 g essbarem Anteil*

Wildpflanzen		Kulturpflanzen	
Giersch	73 mg	Kopfsalat	219 mg
Gundermann	95 mg	Mangold	487 mg
Brennnessel	146 mg	Portulak	615 mg
Spitzwegerich	35 mg	Spinat	166 mg

Generell ist zu beachten, dass ältere Pflanzen sozusagen eine „Stressbiografie" in sich tragen. Pflanzen wehren sich durch diverse Schutzmechanismen gegen Fressfeinde, bilden beispielsweise gesundheitsschädliche Alkaloide. Auch Giftstoffe aus Boden und Luft werden mit zunehmendem Alter ein- und an der Oberfläche abgelagert. Es empfiehlt sich daher, Blätter immer gut zu waschen und bei älteren Pflanzen nur die oberen beziehungsweise die inneren Blättchen zu ernten, die noch jung und weich sind.

Fazit: Wie der Tabelle zu entnehmen brauchen Sie sich vor dem Nitratgehalt der Wildpflanzen nicht zu fürchten, wenn Sie folgende 2 Faustregeln beachten:

- Nehmen Sie junge Pflanzenteile.
- Meiden Sie gedüngte Flächen.

* Quelle: Der kleine Souci, Fachmann, Kraut: *Lebensmitteltabelle für die Praxis*, Seite 334 f.

KLEIN IST FEIN

Gedüngt oder nicht gedüngt? Eine ungedüngte
Wiese erkennt man an ihrer Artenvielfalt: 10 bis
20 Arten pro Quadratmeter. Wenn auf der Wiese
vor allem kniehohe Löwenzahn-Pflanzen wachsen,
ist sie überdüngt und taugt nicht zum Ernten.

Keine Angst vor dem Fuchsbandwurm!

Bei jeder meiner Kräuterwanderungen wird die Frage nach dem Fuchsbandwurm gestellt. Hier darf nach aktuellem Informationsstand Entwarnung gegeben werden.

„Ein Sechser im Lotto ist wahrscheinlicher, als sich durch den Verzehr von Waldbeeren mit dem Fuchsbandwurm zu infizieren", so Professor Klaus Brehm, Biologe am Institut für Hygiene und Mikrobiologie der Universität Würzburg. Zu ähnlichen Ergebnissen kommt das Robert-Koch-Institut*. Die Krankheit, die unbehandelt zum Tod führen kann, sei zum Glück sehr selten. In Deutschland werden derzeit etwa 60 Neuerkrankungen pro Jahr gemeldet.

Entgegen hartnäckiger Gerüchte gibt es keine Hinweise auf die Übertragung durch den Verzehr von Wildpflanzen oder Waldbeeren. Auch besiedeln Füchse immer häufiger Städte und stadtnahe Gebiete. Über 1600 Füchse lebten schon 2006 in Berlin, fünfmal mehr als in den umliegenden Wäldern. Das Futter lockt: Mäuse, Ratten, Katzenfutter ...

Als größte Infektionsquelle für Fuchsbandwurminfektionen wird der enge Kontakt (Schmusen) mit Haustieren angesehen (Hunde oder Katzen, die Mäuse fressen). Die Gefährdung beschränkt sich in Deutschland vor allem auf den süddeutschen Raum einschließlich Hessen und dem südlichen Baden-Württemberg, besonders betroffen ist die die Schwäbische Alb. Weil es sich hier jedoch um reine Statistik handelt, habe ich einen erfahrenen Jäger befragt: Er würde Wildwechsel (sichtbar als Trampelspuren im Gras) meiden. Waschen kann Fuchsbandwurmeier zwar nicht zerstören, die Gefahr aber mindern.

FAZIT: Ob Sie bodennah wachsende Wildkräuter von Wald und Wiese roh zu Wilden Grünen Smoothies verarbeiten, müssen Sie selbst entscheiden. Das Risiko einer Fuchsbandwurm-Infektion ist statistisch sehr gering.

So schützen Sie sich vor Zecken & Borrelien

Natürlich können Sie sich gegen FSME (Frühsommer-Meningoenzephalitis, eine zum Teil mit Hirnhautentzündung verlaufende Virusinfektion) impfen lassen. Sie sollten allerdings wissen, dass die FSME-Impfung nur einen Teil der Erreger abdeckt. Das FSME-Virus kommt vor allem in Süddeutschland vor und verbreitet sich nur langsam nach Norden. Gegen Borreliose – eine von Zecken übertragene bakterielle Infektion – gibt es keine vorbeugenden Maßnahmen. Hier gilt: Ihre Vorsicht ist der beste Schutz.

* Quelle: *www.apotheken-umschau.de*, 24. 04. 2012

Wie schützt man sich vor Zecken? Zecken fallen nicht von den Büschen. Das ist ein populärer Irrtum. Die Spinnentiere leben im kniehohen Gras und klammern sich an ihrem „Wirt" fest. Sicheren Schutz bieten meiner Erfahrung nach Gummistiefel. Manche Menschen verwenden zitroniges Anti-Zecken-Spray. Das mag Sinn machen, denn Insekten sind sehr geruchsempfindlich. Wer allerdings schon einmal mit einer Mücken-Schreck-Kerze auf dem Balkon saß, wird sich da nicht mehr ganz so sicher sein. Homöopathen empfehlen die präventive Einnahme von *Ledum*. Darauf würde ich mich persönlich (da für mich nicht nachprüfbar) nicht verlassen.

Am Abend nach einer Kräuterwanderung sollten Sie auf jeden Fall den Körper genau untersuchen: Zecken wandern bevorzugt in Körperzonen mit dünner Haut: Armbeugen, Achseln, Leisten, Kniekehlen ... FSME wird beim Biss übertragen, Borreliose-Bakterien erst bis zu 12 Stunden später beim Saugen. Im Fall eines Zeckenbisses entfernen Sie die Zecke schnellstmöglich und desinfizieren die Bissstelle. Ich persönlich verwende im Fall des Falles Kardentinktur. Entgegen früherer Informationen ist es nicht gefährlich, wenn der Kopf der Zecke beim Entfernen stecken bleibt.*

Abgesehen von diesen wenigen Vorsichtsmaßnahmen hilft anscheinend ein starkes Immunsystem: Gemessen an der Durchseuchungsrate der Zecken ist die Zahl der Borreliosekranken erstaunlich niedrig.

FAZIT: Keine Panik. Sie können sich schützen. Mit Gummistiefeln und einem starken Immunsystem.

* Siehe auch Werner Bartens, „Furcht vor Zecken – bloß keine Panik", *www.sueddeutsche.de* vom 01.07.2013.

GÄRTNERGLÜCK – ERNTEN STATT JÄTEN!

Die Wildpflanze ist der blinde Fleck im Auge des Gärtners … Unkraut, Arzneipflanze oder Superfood? Die einfachste Art, sich die tägliche Handvoll Wildkräuter zu sichern, ist der eigene Garten. Wachsen die Kräuter in Ihrem Garten, spart das viel Zeit. Und sicherer ist es auch: Im eigenen Garten haben Sie Dünger, Spritzmittel und Hunde unter Kontrolle. Wildpflanzen sind schön und relativ anspruchslos – ein Geschenk für faule Gärtner. Mehr Genuss – weniger Arbeit. Wechseln Sie also die Perspektive und nutzen Sie den Schatz vor Ihrer Haustür.

Betrachten Sie das Miteinander von Wildpflanzen und Kulturpflanzen als offenes System. Der „faule Gärtner" kann sich darauf beschränken, da etwas auszudünnen, dort eine Pflanze umzusetzen. Gießen und Düngen entfallen, denn die meisten Wildpflanzen lieben magere Böden und kommen mit der Flüssigkeit aus, die auf natürliche Weise fällt. Das spart viel Zeit und Geld und beschenkt Sie mit einem unbezahlbaren Erlebnis:

Morgens barfuß über die taufrische Wiese zu laufen
und ein Sieb frisches Grün zu sammeln –
kann der Tag schöner beginnen?

EMPFEHLUNG: Brennnessel, Franzosenkraut, Giersch, Gänseblümchen, Gundermann, Löwenzahn, Mädesüß, Rainkohl, Spitzwegerich, Vogelmiere …
sie alle sind Gäste in Ihrem Naturgarten, die wahre Wunder wirken, wenn Sie sie als Lebensmittel für sich entdecken. Ernten Sie, anstatt zu jäten!

VORRÄTE ANLEGEN

Im Jahreskreislauf stehen uns wechselnd unterschiedliche Wildkräuter zur Verfügung. Wenn Sie zu wenig Zeit haben, um Kräuter frisch in freier Natur zu sammeln, hilft es, Vorräte anzulegen.

Das Nullgradfach

Wenn Sie einmal pro Woche Ihre Wochenration ernten können, ist viel gewonnen. Legen Sie ein feuchtes Tuch in Ihren Tiefkühl-Sammelbeutel, blasen Sie ihn leicht auf und verschließen Sie ihn mit einer Gefrierklammer: Dieses Luftkissen schützt die Kräuter vor Zerdrücken und bildet ein Mikroklima, das sie bis zu 5 Tage frisch und knackig hält.

April & Mai: Wildes Blattgrün einfrieren

Im Frühjahr schießt die ganze Vitalkraft der Pflanzen in die Blätter. Jetzt ist Erntezeit. Vor allem wer einen Garten hat, kann beim Unkrautjäten schon jetzt einen Wintervorrat anlegen. Das wilde Grün am besten portionsweise einfrieren. Wenn Sie die Luft aus dem Tiefkühlbeutel ganz absaugen, verhindern Sie Qualitätsverlust. Bei Bedarf geben Sie das jeweilige Kraut am besten tiefgefroren in den Mixer. Der erste und zweite Austrieb im Frühjahr überbietet müde Herbst-Wildpflanzen an Phytonährstoffen um Längen. Auch aus diesem Grund lohnt sich das Einfrieren. Doch auch für die kurzfristige Vorratshaltung macht das Einfrieren Sinn.

Nachhaltiges Gemüsefach-Management für Singles

Für Single-Haushalte sind viele Obst- und Gemüsesorten zu sperrig. Auch hier hilft Einfrieren: Obst und Gemüse können Sie im Bioladen oder auf dem Bauernmarkt erntefrisch kaufen, einen Teil verbrauchen und den Rest SOFORT in Würfel schneiden und portionsweise einfrieren. So bleiben mehr Nährstoffe erhalten, als wenn die Lebensmittel lange Zeit im Kühlschrank gelagert werden.

(Wildkräuter)-Smoothies IMMER frisch genießen.

Wenn Sie das gefrorene Obst oder Gemüse verwenden, geben Sie statt 1 Handvoll Crushesd Ice 0,1 Liter Wasser in den Mixer.

WILDE GRÜNE SMOOTHIES – SO SCHMECKEN SIE AM BESTEN!

Das Reinheitsgebot

Wilde Grüne Smoothies unterliegen dem „Reinheitsgebot". Der Körper tut sich einfach am leichtesten, die Vielfalt an Phytonährstoffen schnell aufzunehmen, wenn er sich darauf konzentriert. Darum: Bitte kein tierisches Eiweiß, (Milch, Joghurt), keine Süßungsmittel (außer etwas Stevia), keine stärkehaltigen Knollen, keine extrahierten Fette (Öle, Kokosfett) oder sonstigen vorverarbeiteten Produkte wie Sojamilch oder Nussmuse zusätzlich verwenden. Ihr Darm wird es Ihnen danken.

Die Zutaten – frisch, vegan, (roh)köstlich!

Bereiten Sie Wilde Grüne Smoothies im Wechsel der Jahreszeit nach Ihrem Geschmack. Obst und Gemüse am besten in Bio-Qualität oder aus dem eigenen Garten. Genießen Sie die Vielfalt der Natur!

- **Wildpflanzen:** Blätter, Triebe, Samen
- **Reife Bio-Früchte aller Art:** Äpfel, Bananen, Birnen, Erdbeeren, Granatäpfel, Heidelbeeren, Himbeeren, Johannisbeeren, Kiwis, Mangos, Melonen, Passionsfrüchte, Stachelbeeren, Weintrauben, Zwetschgen *Reif* müssen die Früchte sein, da sie nur dann alle Inhaltsstoffe in ihrer Fülle enthalten.
- **Gemüsefrüchte:** Avocados, Fenchel, Gurken, Kürbisse, Tomaten, Zucchini
- **Blattgrün & Triebe:** Dinkel-, Gersten- und Weizengras, Grünkohl, junge Triebe der Bäume, Kohl & Wirsing, Kohlrabiblätter, Mairübchenblätter, Möhrenblätter, Radieschen- und Rettichblätter, Spargel, Spinat, Sprossen
- **Flüssigkeit:** Wasser, Kaltauszüge von Pflanzen (z. B. Hibiskus)
- **Blüten:** nach Wirkung und Geschmack
- **Samen:** Leinsamen, Senfsamen, Sesam, Hanfsamen
- **Gewürze:** Chili, Ingwer, Muskatblüte, Kümmel, Pfeffer … Fantasie ist erlaubt. Und: Bitte nur 1 Prise Salz. Besonders raffiniert finde ich die Kombination mit den „Hildegard-Gewürzen" Galgant, Bertram und Cubebenpfeffer.
- **Pflanzliche Fette:** Zum Aufschlüsseln von Provitamin A braucht der Körper etwas Fett. Am leichtesten verdaulich sind eingebundene Fette. Geben Sie also z. B. ein Stück Avocado oder etwas eingeweichte Leinsamen in Ihren Smoothie. Inzwischen wurde festgestellt, dass auch winzige Mengen Fett ausreichen.

Dosierung – Sie sind das Maß aller Dinge!

Mixen Sie Ihren Grünen Smoothie aus 50 Prozent Frucht und 50 Prozent Blattgrün (Volumen im Mixer). Einsteiger beginnen am besten mit 30 Prozent Kulturgrün (grüner Salat, Spinat …) und 20 Prozent Wildkräutern und steigern den Anteil an Wildpflanzen langsam nach Geschmack. Bedenken Sie, dass Wildpflanzen die Kulturpflanzen um das 20- bis 30-Fache an Phytonährstoffen überbieten.

Es gibt extrem wirkstoffreiche Heilpflanzen oder Pflanzen mit einem sehr hohen Anteil aktivierender Bitterstoffe (z. B. Beifuß, Gundermann, Schafgarbe). Diese sollte man auch als Fortgeschrittener eher wie ein Gewürz (ca. 5 bis 10 Blättchen) einsetzen. Die Dosis macht das Gift. Richten Sie sich nach Ihrem Geschmack!

Üblicherweise wird ein Smoothie mit ½ Liter Wasser oder mehr gemixt. Nicht so der Wilde Grüne Smoothie, da er sonst durch den hohen Anteil an festen Pflanzenfasern der Wildkräuter seine Glätte einbüßt. Die Rezepte geben Ihnen hier eine Orientierungshilfe. Mixen Sie Ihren Smoothie in der Konsistenz, die Ihnen zusagt, und trinken Sie das Wasser ganz entspannt dazu oder danach.

Obst & Gemüse – am besten in Bio-Qualität

Bio-Obst und -Gemüse ist nicht bestrahlt und gentechnikfrei. Da Bio-Bauern keine Pestizide und Herbizide einsetzen und ihren Boden regelmäßig hacken, ihm also mehr Sauerstoff zuführen, wird das Bodenleben nachhaltig aktiviert. Im Gegensatz zu den Böden der industriellen Landwirtschaft, die über Jahre Kunstdünger ausgesetzt sind, enthalten diese Böden reichlich Mikroorganismen und Spurenelemente. Ein gravierender Unterschied, der im Lebensmittelrecht nicht erfasst wird. Also lieber Bio – wir wollen doch keine „Placebo-Früchte".

Bei *Demeter*-Produkten können Sie zudem sicher sein, dass es sich um sogenannte samenfeste Sorten handelt. Moderne Hochleistungs-Hybridsorten hingegen sind nicht keimfähig, das patentierte Saatgut muss für jede Aussaat neu nachgekauft werden. Im Anbauverband *Demeter* ist die Fruchtbarkeit als Qualitätsmerkmal vorgeschrieben.

Und für alle, die jetzt meinen: „Naja, so schlimm wird's schon nicht sein …": Ich habe einmal aus Zeitmangel kein Bio-Obst, sondern konventionell angebautes in meinen Smoothie gegeben und wurde sofort mit einer Zahnfleischentzündung abgestraft.

DAS RECHTE MASS

Der eine ist groß, er hat große Hände. Der andere
ist klein, er hat kleine Hände. Der eine nimmt viel,
der andere wenig. 1 „Handvoll" ist in den meisten
Smoothie-Rezepten darum „das rechte Maß".
Es ist Ihr persönliches Maß, unverwechselbar
abgestimmt auf die Bedürfnisse Ihres Körper und
Ihrer Seele.

5 TIPPS FÜR IHREN PERFEKTEN WILDKRÄUTER-SMOOTHIE

Frucht-Smoothies gelingen von allein. Für die Ernährung wertvoller (und etwas anspruchsvoller in der Herstellung) sind Wildkräuter-Smoothies. Ein erfahrener Koch lieferte mir zusätzlich wertvolle Tipps zu Zubereitung, Konsistenz und Geschmack:

- Je stärker das Kraut, desto süßer die Frucht. Schmeckt ein Kraut sehr intensiv, beginnen Sie zurückhaltend, was die Menge anbelangt, und ergänzen Sie den Anteil an Blattgrün durch milde Chlorophyllträger. Verwenden Sie besonders süße Früchte: Beifuß mit Banane, Luzerne mit Melone, Gundermann mit Mango.
- Die Guten ins Töpfchen … Entfernen Sie „gestresste" Blätter (mit Rost, Bissstellen, Verletzungen), denn sie sind meist mit Alkaloiden, Pilzen oder Schädlingen belastet. Das Gleiche gilt für alte Pflanzenteile, da sie Umweltbelastungen am längsten ausgesetzt waren.
- Wenig Wasser – viel Geschmack „Wasser ist kein Geschmacksträger", lernte ich von einem Spitzenkoch. Setzen Sie also Ihren Wilden Grünen Smoothie mit möglichst wenig Wasser an: Beginnen Sie mit 0,1 Liter Flüssigkeit – der Mixstern sollte frei schlagen können.
- Geben Sie 1 Handvoll Crushed Ice in Ihren Smoothie. Die Technik ist den Barmixern abgeschaut, von denen man in puncto Genuss lernen kann. Mit dem Eis erhitzt sich das Mixgut kaum und so werden pflanzliches Eiweiß und Phytonährstoffe geschont. Wenn Sie gefrorene Früchte verwenden, ersetzen Sie das Eis durch 0,1 Liter Wasser.
- Aller guten Dinge sind drei: Wildkräuter sind ungleich reicher an Geschmack und Phytonährstoffen als Kulturpflanzen. Genießen Sie ihren besonderen Geschmack, eingebettet in eine Frucht- und/oder Blattgemüse-Kombination. Die „Nimm 3"-Regel – 1 Wildpflanze plus 2 Teile Obst oder Gemüse – sorgt für entspannten Genuss und dafür, dass sich die unterschiedlichen Inhaltsstoffe nicht überlagern.

KLEINE MIXERKUNDE

Welcher Mixer für Sie am besten geeignet ist, hängt davon ab, wie häufig Sie Wild-kräuter-Smoothies herstellen und wie hoch Ihr Anspruch an die „Smoothness" ist. Wildkräuter sind deutlich widerstandfähiger als normales Blattgemüse – in der Natur geht es rauer zu als im Garten.

Je leistungsfähiger der Mixer, desto glatter und samtiger wird der Smoothie, desto besser werden die Nährstoffe aufgeschlüsselt.

Hochleistungs-Mixer arbeiten mit 2 PS

Hochleistungsmixer, oft auch „Turbomixer" oder „Industriemixer" genannt, arbeiten mit 2 PS und etwa 30.000 Umdrehungen pro Minute. Sie wurden speziell für Rohkost entwickelt und treten von daher in Motorleistung und Schnittigkeit der Messer unter einer ganz anderen Aufgabenstellung an. Normale Küchenmixer und Pürierstäbe eignen sich zum Mixen vorgegarter oder weicher Lebensmittel. Natürlich ist die An-schaffung teurer. Eine meiner Kursteilnehmerinnen, selbst Veganerin, brachte es so auf den Punkt: „Ich benutze meinen *Vitamix* täglich. Ich stelle damit neben meinem täglichen Smoothie auch Nussmus und Sojamilch her, was im Biomarkt sehr teuer ist. Ich habe ihn jetzt zwei Jahre, das ist pro Tag nicht mal 1 Euro. Ich finde, das ist okay." Die Rezepte, die Sie in diesem Buch finden, habe ich mit einem Hochleistungsmixer hergestellt, da er die robusten Pflanzenfasern der Wildkräuter am gleichmäßigsten verarbeitet.

TIPPS: Wenn Sie gerade beginnen, mit Wildkräuter-Smoothies zu experimen-tieren, und auf den Geschmack kommen möchten, verwenden Sie ruhig Ihren normalen Küchenmixer. In diesem Fall Stängel der Kräuter entfernen, Kerngehäuse beim Obst entfernen und alles zerkleinern.
* Achten Sie darauf, dass Ihr Gerät nicht heißläuft.
* Bei stark faserhaltigen Pflanzen wie der Brennnessel wird die Konsistenz samtiger, wenn Sie einen Teil der Wildpflanzen des grünen Anteils durch Salat, Rettichblätter oder Spinat ersetzen.
* Disteln aus Sicherheitsgründen nur im Hochleistungsmixer verarbeiten.

TEIL 3
WILDE GRÜNE SMOOTHIES
50 REZEPTE FÜR GESUNDHEIT, SCHÖNHEIT UND GENUSS

Cool down – psychisch und physisch

STRESS RELIEF

Baldrian-Mango-Smoothie

Baldrian wirkt ausgleichend, ohne müde zu machen: ideal vor oder nach einem stressigen Tag. Ein Geschmackserlebnis, bekommt 3 Sterne. Seidig-glatter Drink, schön frühlingsgrün, der Baldrian entwickelt sich angenehm rund und erhält durch den Kardamom einen exquisiten Abgang.

ZUTATEN

- 1 Handvoll Baldrianblätter und 1 Blüte, wenn vorhanden
- 1 Mango
- 1 Kiwi
- 1 Handvoll Endivie (oder Romanasalat)
- 0,1 Liter Wasser
- 1 Handvoll Crushed Ice

Ergibt etwa 0,4 Liter.

ZUBEREITUNG

- Baldrianblätter und Salat waschen. Die Baldrianblüte nicht.
- Mango halbieren, entkernen, schälen.
- Kiwifleisch mit einem Teelöffel aus der Schale nehmen.
- Wasser und Crushed Ice in den Mixer füllen.
- Mango, Kiwi, Salat und Baldrianblätter und -blüte dazugeben. Mixen.

MIXER-INFO

- Hochleistungsmixer ca. 20 Sekunden,
- Küchenmixer ca. 3 Minuten (alle Zutaten grob schneiden).

TIPPS: Zum Würzen 1 Kapsel Kardamom zerstoßen und mitmixen. ⊙ Ideal für Einsteiger. ⊙ Wer will, kann den Geschmack mit Orange statt Mango und Kiwi variieren.

Entspannt den Abend genießen

RUHEPOL

Hopfen-Fenchel-Smoothie mit Bertram

Schmeckt angenehm weich mit leichter Bitternote, die an Amaro erinnert. Ein gesunder Genuss, der die Sinne streichelt, den Körper und die Seele entspannt und Ersteren nach einem anstrengenden Tag gut versorgt, ohne zu belasten.

ZUTATEN

8 Hopfendolden
1 Handvoll Fenchelkraut
1 Apfel
0,1 Liter Wasser
1 Handvoll Crushed Ice
1 Prise Bertrampulver

Ergibt etwa 0,4 Liter.

ZUBEREITUNG

- Das Kraut von der Fenchelknolle abschneiden (oder wilden Fenchel verwenden).
- Apfel waschen und vierteln, dabei Blüte und Stiel entfernen; Kerngehäuse mit verwenden.
- Wasser und Crushed Ice in den Mixer füllen.
- Apfel, Fenchelkraut, Hopfen und Bertrampulver dazugeben. Mixen.

MIXER-INFO

- Hochleistungsmixer ca. 20 Sekunden,
- Küchenmixer ca. 2 Minuten (Kerngehäuse des Apfels entfernen).

TIPP: Statt eines Abendessens genossen ideal, um auf schmackhafte Weise Gewicht zu reduzieren.

INFO: Hopfen gehört zu den Hanfgewächsen. Nicht nur im Bier entfaltet er seine entspannende Wirkung. Der Fenchel sorgt für ein gutes Bauchgefühl.

Bodyshaping von innen

LIFT ME UP

Acker-Schachtelhalm-Melonen-Smoothie

„Just in time" versorgt uns die Natur mit Wirkungskräutern. Sobald die Bikinizeit naht, sprießt zur Straffung (Cellulite, Venen) und für glänzendes, elastisches Haar der Acker-Schachtelhalm: straff, aufrecht, mit 10 Prozent Mineralien und äußerst kieselsäurereich. Geschmack: angenehm herb.

ZUTATEN

1 Handvoll
   Acker-Schachtelhalm
½ Galia-Melone
3 Stangen Sellerie mit Blättern
0,1 Liter Wasser
1 Handvoll Crushed Ice

Ergibt etwa 0,5 Liter.

ZUBEREITUNG

- Acker-Schachtelhalm waschen.
- Melone schälen und grob in Stücke schneiden.
- Stangensellerie waschen, in Stücke schneiden.
- Wasser und Crushed Ice in den Mixer füllen.
- Melone, Sellerie und Acker-Schachtelhalm dazugeben. Mixen.

MIXER-INFO

- Hochleistungsmixer ca. 30 Sekunden,
- Küchenmixer 2 bis 3 Minuten.

INFO: Frauen haben aus funktionalen Gründen (Schwangerschaft) ein elastischeres Bindegewebe. In bewegungsarmen Zeiten (Winter, Stress) bilden sich Wasser-Fett-Depots, Cellulite, Krampfadern. Da hilft der Acker-Schachtelhalm.

ACHTUNG! Verwechslungsgefahr (siehe Pflanzenproträt)!

"Recall" für Ihre Lebensenergie

BLUE FOR YOU

Brennnessel-Blaubeer-Smoothie (mit Chili)

Raffiniert, der Bogen im Aromenspiel: fruchtig-beerig, dann eine leichte Schärfe, gefolgt vom erdigen Nesselgeschmack. Dunkel, samtig, sättigend. Die Luxus-Variante eines Brennnessel-Smoothies, der alle Sinne verwöhnt. Die Brennnessel ist unsere wichtigste heimische Vitalpflanze ... für Haut, Haar – und, wie man sagt, auch für die Potenz.

ZUTATEN

2 Handvoll Brennnesseln
2 Handvoll Blaubeeren
   (ca. 200 Gramm)
1 Chili ohne Kerne
   (ca. 5 Zentimeter lang)
0,1 Liter Wasser
1 Handvoll Crushed Ice

Ergibt etwa 0,25 Liter.

ZUBEREITUNG

- Brennnesseln waschen, die Blätter abzupfen.
- Blaubeeren gut waschen.
- Chili längs aufschneiden, Kerne entfernen.
- Wasser und Eis in den Mixer füllen.
- Obst, Chili und Brennnessel dazugeben. Mixen.

MIXER-INFO

- Hochleistungsmixer ca. 35 Sekunden,
- Küchenmixer ca. 3 Minuten (Stängel vorher entfernen).

TIPP: Die Heidelbeeren enthalten Anthocyane (tiefblauen Farbstoff), die als Radikalfänger gelten. Das macht sie wirksam bei der Krebsvorbeugung und gegen vorzeitige Alterung von Haut und Gefäßen interessant. Denn: je dunkler die Beere, desto wirksamer. Im Frühjahr und im Winter gefrorene Blaubeeren verwenden.

süß-scharf
POWER

Harmonie von der Wiese

ROTE LIEBE

Rotklee-Erdbeer-Smoothie mit Galgant

Rotklee enthält neben Vitaminen und Nährstoffen vor allem Phytoöstrogene. Sie können einen wertvollen Beitrag leisten, wenn es darum geht, den weiblichen Hormonspiegel auszubalancieren. Die süßen Blüten und die leicht erbsig schmeckenden Blättchen lassen sich perfekt in leckere Smoothies mixen ...

ZUTATEN

1 große Handvoll Rotklee
1 bis 2 Handvoll Erdbeeren
1 Zentimeter Galgantwurzel
0,1 Liter Wasser
1 Handvoll Crushed Ice

Ergibt etwa 0,4 Liter.

ZUBEREITUNG

- Kleeblüten von den Stängeln zupfen. Stängel mit Blättern waschen, die Blüten nicht.
- Erdbeeren gut waschen.
- 1 Zentimeter frischen Galgant abschneiden.
- Wasser und Eis in den Mixer füllen.
- Erdbeeren, Klee und Galgant dazugeben. Mixen.

MIXER-INFO

- Hochleistungsmixer ca. 20 Sekunden,
- Küchenmixer ca. 2 bis 3 Minuten (Stängel des Klees nicht mit verwenden).

INFO: Galgant ist eine Wurzel, die Pflanze gehört zur Familie der Ingwergewächse. Seine angenehme Schärfe wärmt von innen und fördert die kapillare Durchblutung.

Pflanzenpower mit einem Hauch Meer

ALFA NORIO

Luzerne-Gurken-Smoothie à la Sushi

Kennen Sie das Superfood Alfalfa? Ist die Pflanze erwachsen, heißt sie Luzerne und ist eine unserer eiweißhaltigsten Wildpflanzen. Ihre Karriere begann sie als Kraftfutter für Araberhengste. Dieser Smoothie schmeckt grün, seidig-cremig mit feinen Kräuteraromen und hat eine fast buttrige Konsistenz.

ZUTATEN

1 gute Handvoll blühende
   Luzerne (ca. 6 Zweige,
   15 Zentimeter)
Schalenabrieb und Frucht-
   fleisch von ¼ Zitrone
1 Prise Nori-Algen
½ Salatgurke
1 Prise Fleur de Sel
   (nach Bedarf)
2 Handvoll Crushed Ice

Ergibt etwa 0,5 Liter.

ZUBEREITUNG

- Luzerne waschen, zähe Stängel entfernen.
- Gurke waschen, in grobe Stücke schneiden.
- Schale von ¼ Zitrone abreiben, dann das Viertel schälen (den weißen Teil der Schale entfernen, er ist bitter).
- Crushed Ice in den Mixer füllen.
- Luzerne, Gurke, Zitronenschalenabrieb und -fruchtfleisch sowie Algen und ggf. Fleur de Sel dazugeben. Mixen.

MIXER-INFO

- Hochleistungsmixer ca. 20 Sekunden,
- Küchenmixer ca. 2 Minuten (Stängel der Luzerne vorher entfernen).

TIPPS: Bei Bedarf mit etwas Fleur de Sel abschmecken. ⊙ Die Zitrone unterstützt den Detox-Effekt. Wenn Sie es milder mögen, statt Zitronenschalenabrieb und -fruchtfleisch 1 Stück Zitronenschale der Amalfi-Zitrone in den Smoothie geben.

Als Smoothie oder Gazpacho

WEGBEREITER

Breitwegerich-Radicchio-Powermix mit Ingwer

Der Breitwegerich kommt seinem aufrechten Bruder, dem Spitzwegerich, inhaltlich sehr nahe: Auch er wirkt kühlend, abschwellend, das Bindegewebe straffend und hilft uns so, bei steigenden Temperaturen einen kühlen Kopf zu bewahren. Gut, dass er sich im Hochsommer überall breitmacht.

ZUTATEN

1 Handvoll Breitwegerichblätter
1 Handvoll Cocktail-Tomaten
   (ca. 12 Stück)
1 Frühlingszwiebel mit Grün
½ Radicchio (harte weiße
   Blattteile ggf. entfernen)
Blätter von 1 Bund Radieschen
1 Stück Ingwer
   (ca. 5 Zentimeter)
0,1 Liter Wasser
1 Handvoll Crushed Ice

Ergibt etwa 0,4 Liter.

ZUBEREITUNG

- Wegerich, Radicchio, Radieschenblätter und Tomaten waschen.
- Bei Radicchio ggf. harte, weiße Blattteile entfernen (sie sind reich an Bitterstoffen).
- Zwiebel putzen.
- Wasser und Crushed Ice in den Mixer füllen. Tomaten, Radieschenblätter, Radicchio, Breitwegerich und Ingwer dazugeben. Mixen.

MIXER–INFO

- Hochleistungsmixer ca. 30 Sekunden,
- Küchenmixer ca. 2 Minuten (Breitwegerich-Stängel und große Blattadern vor dem Mixen entfernen).

TIPP: Sofort trinken! Der Wegbereiter-Gazpacho ist, als Süppchen in einer Espressotasse serviert, ein leckerer Opener fürs Buffet und für Barbecues.

Schicht für Schicht ein Gedicht

NIMM 2
Zweierlei-Himbeer-Pudding

Schnell, einfach, eine Geschmacksreise. Wähle das Beste aus der Natur – und genieße, ohne viel hinzuzufügen. Der Mixer hilft, Geschmack und Nährstoffe optimal aufzuschlüsseln. Ein Dessert, das den Körper befreit und die Sinne jubeln lässt.

ZUTATEN

Grüne Schicht

1 Handvoll Himbeerblätter
3 große Salatblätter (Endivie oder Romanasalat)
½ Teelöffel Koriander
etwas Wasser
1 Handvoll Crushed Ice

Rote Schicht

2 Handvoll Himbeeren (ca. 250 Gramm)
1 Handvoll Crushed Ice

Ergibt insgesamt etwa 2 Portionen.

ZUBEREITUNG

Grüne Schicht

- Himbeerblätter von den Stängeln zupfen, waschen.
- Salatblätter waschen und grob zerkleinern.
- Crushed Ice, Himbeerblätter, Salat und Koriander in den Mixer geben.
- Mixen und in (geeiste) Gläser füllen.

Rote Schicht

- Himbeeren waschen.
- Eis und Himbeeren in den Mixer geben und mixen.
- Rote Masse vorsichtig in die Gläser auf die grüne geben.

MIXER-INFO

- Hochleistungsmixer je ca. 20 Sekunden,
- Küchenmixer je ca. 2 Minuten.

TIPP: Grüne und rote Schicht sollten sich nicht vermischen. Beide sollten die Konsistenz eines fast festen Puddings haben. Darum: ohne Wasser mixen. Ist die grüne Masse zu flüssig, zusätzlich mit Salat und/oder Himbeerblättern andicken.

Grüner Smoothie, veganer Brotaufstrich, Dip oder Guacamole

WILDE SIEBEN
Wilde-Möhren-Aprikosen-Powertrank

Fruchtig-frisch ist dieser Drink, nicht zu süß mit angenehmem Grüngeschmack. Mixen Sie von der Wilden Sieben gleich die doppelte Menge: Fürs Frühstück trinken Sie ihn als Smoothie, in der Mittagspause oder abends verwenden Sie ihn als veganen Brotaufstrich oder als Dip zum Grillen.

ZUTATEN

Für die Guacamole/ den Brotaufstrich

1 Handvoll Wilde Möhre (ca. 7 Stängel mit Blättern)

½ Avocado

6 Aprikosen

Schalenabrieb und Fruchtfleisch von ½ Zitrone (klein, geschält)

1 Handvoll Crushed Ice

Für den Dip

10 Milliliter Wasser zusätzlich verwenden.

Für den Smoothie

0,25 Liter Wasser zusätzlich verwenden.

Ergibt etwa 0,25 Liter Guacamole.

ZUBEREITUNG

- Grün der Wilden Möhre und Aprikosen waschen.
- Avocado längs teilen, den Kern entfernen und das Fruchtfleisch mit einem Löffel aus der Schale heben.
- Schale von ½ Zitrone abreiben, dann die halbe Zitrone schälen (den weißen Teil der Schale entfernen, er ist bitter).
- Crushed Ice in den Mixer füllen. Aprikosen, Zitronenschalenabrieb und -fruchtfleisch, das Fleisch der halben Avocado und Wilde Möhre dazugeben. Mixen.

MIXER-INFO

- Hochleistungsmixer ca. 30 Sekunden (der Avocadokern kann mitgemixt werden),
- Küchenmixer ca. 3 Minuten (alle Zutaten grob schneiden; Guacamole nur im Hochleistungsmixer herstellbar).

TIPPS: Zum Würzen 1 Prise Muskatnuss verwenden. ⊙ Die Zitrone sorgt dafür, dass die Farbe schön grün bleibt. ⊙ Wenn Wilde Möhre nicht verfügbar, das Kraut von Bundmöhren verwenden.

Sommer-Smoothie oder veganes Frucht-Mousse

HITZEFREI

Sauerampfer-Johannisbeer-Powerdrink

Kühlen Kopf bewahren, auch an heißen Tagen: sauer-fruchtig-scharf, die überraschende geschmackliche „Kettenreaktion" stimuliert die Sinne – morgens als kulinarischer Weckruf. Als Frucht-Mousse zum Abschluss eines guten Essens als reinigende Instanz, die Kopf und Körper inspiriert.

ZUTATEN

Für das Frucht-Mousse

1 Handvoll Sauerampfer
¼ kleine Wassermelone
   (ca. 150 Gramm)
½ Schale Rote Johannisbeeren
   (ca. 250 Gramm)
2 Handvoll Crushed Ice

Für den Smoothie

0,25 Liter Wasser zusätzlich
   verwenden.

Ergibt etwa 0,3 Liter Frucht-Mousse oder knapp 0,5 Liter Smoothie.

ZUBEREITUNG

- Sauerampfer waschen.
- Wassermelone waschen, mit Schale grob in Stücke schneiden (mit Kernen).
- Johannisbeeren waschen, entstielen.
- Crushed Ice in den Mixer füllen.
- Melone, Johannisbeeren und Sauerampfer dazugeben. Mixen.

MIXER-INFO

- Hochleistungsmixer ca. 20 Sekunden,
- Küchenmixer ca. 2 Minuten (Frucht-Mousse gelingt nur mit Hochleistungsmixer).

TIPPS: Zum Würzen mit Chili abschmecken. ☉ Die gelartige Konsistenz des Mousse entsteht durch die natürlichen Pektine der Johannisbeere. Pektin ist besonders wertvoll zum Schutz der Darmwand und um unerwünschte Bakterienstämme zu binden.

Sommersonnenglück im Glas

SCHUTZENGEL

Echtes-Labkraut-Aprikosen-Kornapfel-Smoothie

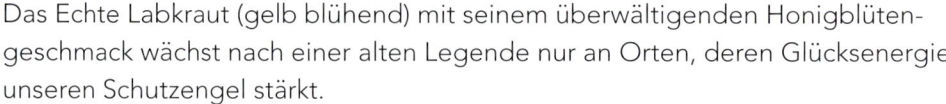

Das Echte Labkraut (gelb blühend) mit seinem überwältigenden Honigblüten-geschmack wächst nach einer alten Legende nur an Orten, deren Glücksenergie unseren Schutzengel stärkt.

ZUTATEN

3 Stängel blühendes Echtes
   Labkraut
4 Aprikosen
2 Kornäpfel*
4 große Lollo-bionda- oder
   Grüner-Eichblattsalat-Blätter
0,25 Liter Wasser
1 Handvoll Crushed Ice

Ergibt etwa 0,7 Liter.

ZUBEREITUNG

- Blüten und Blättchen des Labkrauts abzupfen.
- Aprikosen waschen, Stein entfernen, halbieren.
- Äpfel waschen, Stiel und Blüte entfernen, Kernhaus mit verwenden.
- Salatblätter waschen.
- Wasser und Crushed Ice in den Mixer füllen.
- Zuerst Früchte, dann Salat und Labkraut dazugeben. Mixen.

MIXER-INFO

- Hochleistungsmixer ca. 20 Sekunden,
- Küchenmixer ca. 2 Minuten (Kerngehäuse der Äpfel entfernen).

TIPP: Großes Solo für das Echte Labkraut. Alle anderen Zutaten sollten möglichst neutral schmecken. Der Duft verstärkt sich, wenn das Kraut 30 Minuten liegt (wie beim Waldmeister). Aktiviert das Lymphsystem.

* Kornäpfel sind kleine, mehlig-süße Augustäpfelchen (alte Sorte). Beim Bauern oder auf Streuobstwiesen zu finden.

Morgens als Smoothie oder abends als Dessert

WIESENGLÜCK

Labkraut-Johannisbeer-Pudding mit Wacholder

Frischer, leichter Genuss für heiße Tage. Das Wiesen-Labkraut, blütig-süß, mit einem Hauch Waldmeistergeschmack, erinnert auch am Montagmorgen, wenn Sie sich diesen erfrischenden Smoothie mixen, noch an sonntägliches Wald- und Wiesenglück.

ZUTATEN

Für Frucht-Pudding

1 Handvoll Wiesen-Labkraut
1 Handvoll Johannisbeeren
½ Salatgurke
1 Handvoll Lollo-rosso- oder
   Roter-Eichblattsalat-Blätter
1 Handvoll Crushed Ice

Für den Smoothie

0,2 Liter Wasser zusätzlich
   verwenden.

Ergibt etwa 0,3 Liter,
als Smoothie 0,5 Liter.

ZUBEREITUNG

- Wiesen-Labkraut und Salat waschen, grob schneiden.
- Johannisbeeren waschen und abzupfen.
- Gurke waschen, mit Schale grob in Stücke schneiden.
- Wasser und Crushed Ice in den Mixer füllen.
- Johannisbeeren, Gurke, Salat und Labkraut dazugeben. Mixen.

MIXER-INFO

- Hochleistungsmixer ca. 20 Sekunden,
- Küchenmixer ca. 2 Minuten (Kernchen der Johannisbeeren bleiben). Pudding gelingt nur im Hochleistungsmixer.

TIPPS: Zum Würzen bis zu 6 Wachholderbeeren (wenn möglich frisch) mitmixen. ⊙ Der Mix geliert durch die Rote Johannisbeere ohne weiteres Zutun zu einem raffiniert schmeckenden Frucht-Pudding, in dem je nach Johannisbeersorte sogar der Löffel steht. ⊙ Für den Smoothie einfach Wasser hinzugeben, noch einmal kurz mixen und sofort trinken.

Der Frische-Kick

MENTHA FRESCA

Minze-Weinbergpfirsich-Smoothie

Sommerlich, angenehm seidig-glatt und mit sehr erfrischender, ausgewogener Säure: Der „Frische-Kick" wirkt durch Menthol und ätherische Öle belebend wie ein Wasserfall.

ZUTATEN

5 Stängel Minze (à ca. 7 Blatt)
3 große Weinbergpfirsiche
1 Banane
4 Blätter Lollo bionda
0,1 Liter Wasser
1 Handvoll Crushed Ice

Ergibt etwa 0,4 Liter.

ZUBEREITUNG

- Minze und Salat waschen.
- Banane schälen und grob zerteilen.
- Pfirsiche waschen, halbieren, den Kern entfernen.
- Wasser und Crushed Ice in den Mixer füllen.
- Pfirsiche, Banane, Salat und Minze dazugeben. Mixen.

MIXER-INFO

- Hochleistungsmixer ca. 20 Sekunden,
- Küchenmixer ca. 2 Minuten (alle Zutaten grob schneiden).

TIPPS: Zum Würzen mit Kreuzkümmel abschmecken. ☉ Statt Weinbergpfirsichen können auch Nektarinen oder im frühen Frühjahr ein säuerlicher Apfel verwendet werden. ☉ Die Minzesorte nach Geschmack und Verfügbarkeit wählen: Es gibt über 200 verschiedene Arten ...

frisch
BALANCE

Schmeckt nach Wald und Wiese

WALDESLUST

Spitzwegerich-Apfel-Smoothie

Frisch, grün, mit versteckten Champignon- und Waldaromen. Durch seine sinnliche Struktur wirkt er angenehm sättigend und gibt deinem Körper das Gefühl, rundum gut versorgt zu sein.

ZUTATEN

1 Handvoll Spitzwegerich
1 Apfel (säuerlich)
½ Banane
3 (Innen-)Blätter vom Wirsing
1 Schälgurke (oder ½ Salat-
    gurke)
0,1 Liter Wasser
1 Handvoll Crushed Ice

Ergibt etwa 0,5 Liter.

ZUBEREITUNG

- Spitzwegerich und Wirsingblätter waschen und grob in Stücke schneiden.
- Apfel waschen und vierteln, dabei Blüte und Stiel entfernen; Kerngehäuse mit verwenden.
- Banane schälen und grob zerteilen.
- Gurke waschen und ungeschält grob in Stücke schneiden.
- Wasser und Crushed Ice in den Mixer füllen.
- Gurke, Banane, Apfel und Wegerich dazugeben. Mixen.

MIXER-INFO

- Hochleistungsmixer ca. 30 bis 40 Sekunden,
- Küchenmixer ca. 3 Minuten (Kerngehäuse des Apfels entfernen).

TIPPS: Zum Würzen mit Fleur de Sel (noch besser: mit Andensalz) abschmecken.

⊙ Spitzwegerich hilft bei Husten, verschleppten Erkältungen und wirkt blutreinigend.

⊙ Empfehlenswert als (ausleitende) Unterstützung für alle, die sich gerade das Rauchen abgewöhnen.

Grüner Smoothie oder raffinerter Gazpacho

FOREVER YOUNG

Geeister Meerrettich-Weintrauben-Gazpacho

Fluffig, mit pikanter Schärfe im Abgang: Die pikanten Senföle bilden den messbaren Anteil dieses Rettungsschirms gegen vorzeitige Zellalterung. Der fantastische Geschmack dieses Drinks ist die zweite Komponente, denn: Genuss macht glücklich und Glückshormone sind auch ein Allheilmittel.

ZUTATEN

- 3 große Blätter Wilder Meerrettich
- 1 großzügige Handvoll rote Weintrauben
- 3 Blätter Rotkohl
- 3 Salatblätter (z. B. Romanasalat)
- 1 Handvoll Crushed Ice

Für den Smoothie
zusätzlich 0,2 Liter Wasser verwenden.

Ergibt etwa 0,25 bis 0,5 Liter Gazpacho.

ZUBEREITUNG

- Meerrettichblätter, Rotkohl und Salat waschen und grob zerkleinern.
- Rote Weintrauben waschen und Beeren abzupfen.
- Crushed Ice in den Mixer füllen.
- Weintrauben sowie Meerrettichblätter, Rotkohl und Salat dazugeben. Mixen.

MIXER-INFO

- Hochleistungsmixer ca. 30 bis 40 Sekunden,
- Küchenmixer ca. 3 Minuten (statt Eis 0,25 Liter Wasser verwenden; Zutaten werden nicht so cremig püriert wie mit dem Hochleistungsmixer).

TIPPS: Zum zweiten Frühstück als herzhaften Smoothie trinken oder auf der nächsten Grillfeier als Gazpacho servieren. ◉ Im Winter Meerrettichblätter durch ½ Karton Brokkolisprossen ersetzen. Sie setzen beim Mixen einen extrem hohen Anteil an Senfglycosiden frei. Die wirken nach neuerer Forschung Zellalterung und -veränderungen (im schlimmsten Fall Krebs) entgegen.

Frisch gewagt ist halb gewonnen

FRESHMAN
Sauerklee-Birnen-Smoothie mit Zitronengras

Wanderer lutschten die sauerfrischen Blättchen des Sauerklees früher, um ihren Durst zu löschen. In abgelegenen Südtiroler Bergtälern verwendete man ihn in der Küche statt Zitrone. Dieser Drink schmeckt sagenhaft frisch nach Morgendämmerung und frischem Tau. Weniger ist mehr!

ZUTATEN

1 kleine Handvoll Sauerklee
(ca. 20 bis 30 Blättchen)
1 große Birne
3 bis 4 große Blätter Mangold
1 Stängel Zitronengras
0,1 Liter Wasser
1 Handvoll Crushed Ice

Ergibt etwa 0,3 Liter.

ZUBEREITUNG

- Sauerklee waschen.
- Mangoldblätter waschen und harte weiße Stiele entfernen.
- Birne waschen und vierteln, dabei Blüte und Stiel entfernen; Kerngehäuse mit verwenden.
- Wasser und Crushed Ice in den Mixer füllen.
- Birne, Mangoldblätter, Zitronengras und Sauerklee dazugeben. Mixen.

MIXER-INFO

- Hochleistungsmixer ca. 20 Sekunden,
- Küchenmixer ca. 2 Minuten (Kerngehäuse der Birne entfernen, alle Zutaten grob schneiden).

TIPPS: Zum Würzen mit Urwaldpfeffer abschmecken. ☉ Wenn Birnen (noch) keine Saison haben, schmeckt Melone auch wunderbar.

ACHTUNG! Sauerklee nicht in größeren Mengen oder über längeren Zeitraum genießen.

Krebs mag keine Brokkolisprossen

ZELLSCHUTZ

Brunnenkresse-Brokkolisprossen-Smoothie

Wer weiß, dass Senfölglycoside, die sich aktuell in der Krebsforschung als sehr erfolgreich erweisen* für die pikante Schärfe von Brunnenkresse und Brokkolisprossen verantwortlich sind, dem schmeckt dieser Smoothie doppelt so gut.

ZUTATEN

½ Handvoll Brokkolisprossen
1 Handvoll Brunnenkresse
1 Banane
3 bis 4 Selleriestangen
1 Esslöffel Leinsamen, über
   Nacht in 0,25 Liter Wasser
   eingeweicht
1 Handvoll Crushed Ice

Ergibt etwa 0,5 Liter.

ZUBEREITUNG

- Brunnenkresse und Brokkolisprossen waschen.
- Stangensellerie waschen und grob in Stücke schneiden.
- Banane schälen und grob zerteilen.
- Crushed Ice in den Mixer füllen.
- Banane, Brunnenkresse, Stangensellerie, Sprossen und Leinsamen mit Einweichwasser dazugeben. Mixen.

MIXER-INFO

- Hochleistungsmixer ca. 30 Sekunden,
- Küchenmixer ca. 2 Minuten.

TIPP: Statt Brunnenkresse eignet sich auch Kapuzinerkresse aus dem Garten oder Kresse aus dem Karton (Biomarkt).

* Ausführliche Informationen finden Patienten und Interessierte unter *www.klinikum.uni-heidelberg.de/ fuer-Patienten.111688.0.html*

Liegt rum – muss fort!

RUMFORT

Kieferntriebe-Tuttifrutti-Smoothie

Das kennt jeder: angeschnittene Melone von gestern, einsamer Apfel, ein paar verlorene Erdbeeren und ein halber Salat? Die Rumfort-Formel löst das Problem. Reste sind das Beste. Den Akzent setzen 4 bis 5 Kieferntriebe.

ZUTATEN

4 bis 5 junge Kieferntriebe
verschiedenes Obst der Saison
  (sollte den halben Mixer
  füllen)
2 große Handvoll „neutraler"
  Salat und/oder Spinat nach
  Wahl (kein Kohl)
0,1 Liter Wasser
1 Handvoll Crushed Ice

Ergibt etwa 0,4 bis 0,8 Liter
(je nach Obstmenge).

ZUBEREITUNG

- Alle Zutaten waschen.
- Wasser und Crushed Ice in den Mixer füllen.
- Zuerst Obst dazugeben, dann Salat und/ oder Spinat, zuletzt Kieferntriebe. Mixen.

MIXER-INFO

- Hochleistungsmixer ca. 30 Sekunden,
- Küchenmixer ca. 3 Minuten (nur weiche, ganz junge Fichtentriebe verwenden; wenn Apfel und/oder Birne verwendet wird, Kerngehäuse entfernen).

TIPP: Für den Geschmacks-Akzent eignen sich – falls keine jungen Kieferntriebe zur Hand – alle eigensinnig schmeckenden Wildkräuter als Solisten: Rote Taubnessel, Echtes Labkraut, Wiesen-Bärenklau-Samen.

Der Cocktail unter den Smoothies

TRIPLE SEC
Wiesen-Bärenklau-Melonen-Smoothie

Geschmeidig, cremig, froschgrün – schmeckt wie frisch gemähte Wiese mit Triple Sec* . Unglaublich: Was ist denn das? Dieser „Cocktail" ist unter den Wildkräuter-Smoothies ein großes Solo der Sinnesfreude. Wiesen-Bärenklau-Samen geben ihm ein orangenölartiges Aroma.

ZUTATEN

3 bis 4 Stängel grüner Wiesen-
 Bärenklau mit Blüten, davon
 1 mit Samenstand
½ Cantaloupe-Melone
1 Bund Rucola (weiche Rauke)
0,1 Liter Wasser
1 Handvoll Crushed Ice

Ergibt etwa 0,4 Liter.

ZUBEREITUNG

- Wiesen-Bärenklau-Samen waschen, die Blüten nicht.
- Rucola waschen.
- Melone schälen, grob in Stücke schneiden, Kerne werden mitgemixt.
- Wasser und Crushed Ice in den Mixer füllen.
- Melone, Rucola, Wiesen-Bärenklau dazugeben. Mixen.

MIXER-INFO

- Hochleistungsmixer ca. 30 Sekunden,
- Küchenmixer ca. 3 Minuten (alle Zutaten grob schneiden; Melonenkerne entfernen).

TIPP: Sehr aromatisch! Vorsicht bei der Dosierung der grünen Samendolden. 1 mittelgroße Samendolde reicht (Durchmesser ca. 8 Zentimeter), Blütendolden sind weniger intensiv im Geschmack.

ACHTUNG! Verwechslungsgefahr (siehe Pflanzenporträt)!

* *Triple Sec* (wörtlich „dreifach trocken", nach einer alten Marke) bezeichnet einen Orangenlikör. Bekannt sind aus Frankreich die Orangenliköre *Cointreau* und *Grand Marnier*.

Körper und Seele in Balance

FRAUENPOWER

3-Frauenkräuter-Smoothie

Frauenmantel, Gänsefingerkraut und Schafgarbe sind das Dreigestirn der Frauen-kräuter. Das weibliche Wohlbefinden ist zyklisch geprägt, und die Kräuter werden traditionell genutzt, um hormonelle Übergangsphasen und monatliche Unstimmig-keiten auszubalancieren. Diese Power schmeckt wunderbar süß, seidig-glatt und macht zufrieden.

ZUTATEN

- 1 Handvoll Frauenkräuter: ca. je 5 Blättchen Frauen-mantel, Gänsefingerkraut und Schafgarbe
- 1 Banane
- ¼ Salatgurke
- 4 bis 5 Salatblätter (nach Saison)
- 0,1 Liter Wasser
- 1 Handvoll Crushed Ice

Ergibt etwa 0,4 Liter.

ZUBEREITUNG

- Kräuter und Salat waschen.
- Gurke waschen, mit Schale grob in Stücke schneiden.
- Banane schälen und grob zerteilen.
- Wasser und Crushed Ice in den Mixer füllen.
- Banane, Gurke, Salatblätter und Kräuter dazugeben. Mixen.

MIXER-INFO

- Hochleistungsmixer ca. 30 Sekunden,
- Küchenmixer ca. 2 Minuten (Kräuter von den Stängeln abzupfen, alle anderen Zutaten grob schneiden).

TIPP: Für die rohköstliche Ernährung im Winter je 1 Prise getrocknete Schaf-garbe, Frauenmantel und Gänsefingerkraut in Wasser einweichen, über Nacht ziehen lassen und mitmixen.

Schmackhafter Eisen-Lieferant

IRON MAIDEN

Franzosenkraut-Melonen-Smoothie mit Mangold

Schmeckt angenehm mineralisch-erdend und ist sehr erfrischend. Franzosenkraut, auch Energiekraut genannt, ist besonders reich an Eisen und damit wertvoll, vor allem für Vegetarier und für Frauen – einfach an den entsprechenden Tagen genießen.

ZUTATEN

1 Handvoll Franzosenkraut
½ Cantaloupe-Melone
1 Handvoll Mangold
   (ca. 4 Blätter mit Stängel)
0,2 Liter Wasser
1 Handvoll Crushed Ice

Ergibt etwa 0,6 Liter.

ZUBEREITUNG

- Franzosenkraut und Mangold waschen.
- Beim Kraut die Blätter vom Stängel zupfen, beim Mangold die harten Teile entfernen, den Rest grob schneiden.
- Melone waschen, schälen, grob in Stücke schneiden.
- Wasser und Crushed Ice in den Mixer füllen.
- Melone, Mangold und Franzosenkraut dazugeben. Mixen.

MIXER-INFO

- Hochleistungsmixer ca. 30 Sekunden,
- Küchenmixer ca. 2 Minuten (Kerne der Melone entfernen).

TIPPS: Zum Würzen etwas Zimt verwenden, das schmeckt raffiniert und heitert das Gemüt auf! ☺ Dieser Drink ist vor allen für Ovo-Lakto-Vegetarier zu empfehlen, da Kuhmilchprodukte und Eier die Eisenaufnahme hemmen.

Die schnelle Art, Krankheiten abzuwehren

SCHARFE SACHE

Kapuzinerkresse-Weintrauben-Suppe

„Geil!", sprach der Koch beim ersten Schluck. *Geil* bedeutete im Alt- und Mittel-hochdeutschen so viel wie „kraftvoll, üppig, fröhlich, lustig". Diese Power steckt in den scharfen Senfglycosiden der Kapuzinerkresse. Sie helfen als natürliches Antibiotikum, Erkältungen und Infektionen aller Art abzuwehren.

ZUTATEN

- 1 Handvoll Kapuzinerkresse
  (Blatt, Blüte und Samen)
- 250 Gramm grüne Wein-
  trauben
- 1 junge weiße Gemüsezwiebel
- 1 Handvoll Romanasalat
- 1 Tropfen Orangenöl
- 0,1 Liter Wasser
- 2 Hände Crushed Ice

Ergibt etwa 0,7 Liter.

ZUBEREITUNG

- Kresse, grüne Weintrauben und Salat waschen. Beeren abzupfen.
- Zwiebel schälen.
- Wasser und Crushed Ice in den Mixer füllen.
- Kresse, Weintraube, Gemüsezwiebel, Salat und Orangenöl dazugeben. Mixen.

MIXER-INFO

- Hochleistungsmixer ca. 20 Sekunden,
- Küchenmixer ca. 2 Minuten.

TIPP: Weintrauben enthalten viel Wasser. Die Zugabe von Wasser zunächst gering halten, den Gazpacho lieber zum Schluss noch verdünnen.

INFO: Kapuziner-kresse ist die Arzneipflanze des Jahres 2013. Ihre Inhaltsstoffe hemmen die Vermehrung von Bakterien, Viren und Pilzen. Vorsicht: Zu viel Kapuzi-nerkresse kann empfindliche Mägen reizen.

Frühjahrskur zum „Entsäuern"

BASIC BALANCE

Giersch-Avocado-Smoothie mit Brennnessel

Wie jeder weiß, bleibt das bewegungsarme Wohlleben in der Winterzeit nicht ohne Nebenwirkungen: Der Körper „übersäuert". Ausgleich schafft hier ab Ende März der Giersch, das „Gichtkraut", wie er im Volksmund so schön heißt.

ZUTATEN

1 Handvoll Giersch
1 kleine Handvoll Brennnesseln
½ Avocado
3 große Endivienblätter
0,25 Liter Wasser
1 Handvoll Crushed Ice

Ergibt etwa 0,7 Liter.

ZUBEREITUNG

- Giersch, Brennnesseln, Endivienblätter waschen.
- Die Wildkräuterblätter abzupfen, die Endivienblätter grob schneiden.
- Wasser und Crushed Ice in den Mixer füllen.
- Avocado längs teilen, den Kern entfernen und das Fruchtfleisch mit einem Löffel aus der Schale heben. Avocadofleisch in den Mixer geben.
- Giersch, Brennnessel und Endivie dazugeben. Mixen.

MIXER-INFO

- Hochleistungsmixer ca. 30 Sekunden,
- Küchenmixer ca. 2 bis 3 Minuten (Stängel vorher entfernen).

TIPPS: Zum Würzen 1 bis 2 Zentimeter frischen Ingwer mitmixen, evtl. zusätzlich mit Fleur de Sel abschmecken. ⊙ Die basische Wirkung beruht auf dem hohen Kaliumgehalt von Giersch und Avocado. Trinken Sie also viel stilles Wasser. Giersch hilft überschüssige Harnsäure abzubauen, das Wasser unterstützt den Körper, sie auszuspülen.

Leckeres Leichtgewicht für heiße Sommertage

SLIM FIT

Wilde-Möhre-Gurken-Smoothie mit Ingwer

Viel Geschmack, viele Mineralien, vor allem Kalium, und Vitamine, Provitamin A, B_1, B_2 und C, wenig Kalorien. – Für Genuss ohne Reue. Während der Blüte im Juni und Juli überzieht die Wilde Möhre die meisten ungedüngten Wiesen wie ein Brautschleier.

ZUTATEN

1 Handvoll Wilde-Möhre-Blätter

3 bis 4 Blüten- und Samenstände der Wilden Möhre

1 Apfel

½ Salatgurke

0,1 Liter Wasser

1 Handvoll Crushed Ice

Ergibt etwa 0,4 Liter.

ZUBEREITUNG

- Blätter und Samenstände der Wilden Möhre waschen, Blüten nicht.
- Apfel waschen und vierteln, dabei Blüte und Stiel entfernen; Kerngehäuse mit verwenden.
- Gurke waschen und grob in Stücke schneiden.
- Wasser und Crushed Ice in den Mixer füllen.
- Zuerst Gurkenstücke, dann Apfel und zuletzt die Wilde Möhre dazugeben. Mixen.

MIXER–INFO

- Hochleistungsmixer ca. 30 Sekunden,
- Küchenmixer ca. 2 bis 3 Minuten (Kerngehäuse des Apfels entfernen).

TIPPS: An heißen Tagen mit Zitrone abschmecken, ggf. zusätzlich etwas Fleur de Sel verwenden. An kühlen Tagen ca. 3 Zentimeter Ingwer mitmixen. ⊙ Im Winter einfach das Kraut von Bundmöhren verwenden.

ACHTUNG! Verwechslungsgefahr (siehe Pflanzenporträt)!

Dieses Kraut verleiht Flügel

BLAUE BLUME
Wegwarte-Orangen-Smoothie

Die Blaue Blume ist das zentrale Motiv der Romantik. Sie steht für die Sehnsucht, die Liebe, das ewig Unerreichbare, das uns beflügelt. Die Wegwarte – purer Himmel, in der Vase wird sie nicht glücklich – gibt uns ein gutes Bauchgefühl: als pflanzliches Heilmittel für die Milz.

ZUTATEN

1 Handvoll Wegwarteblätter

2 bis 3 Kohldistel- oder Lollo-bionda- sowie Grüner-Eich-blattsalat-Blätter

1 Orange

1 Apfel

0,1 Liter Wasser

1 Handvoll Crushed Ice

Ergibt etwa 0,4 Liter.

ZUBEREITUNG

- Wegwarteblätter, Kohldistel bzw. Salat waschen.
- Apfel waschen und vierteln, dabei Blüte und Stiel entfernen; Kerngehäuse mit verwenden.
- Orange schälen und vierteln.
- Wasser und Crushed Ice in den Mixer füllen.
- Orange, Apfel sowie Wildkräuter und Salat dazugeben. Mixen.

MIXER-INFO

- Hochleistungsmixer ca. 20 Sekunden,
- Küchenmixer ca. 2 Minuten (Kerngehäuse des Apfels entfernen).

TIPPS: Im Juli und im August mit Blüten der „blauen Blume" verzieren.

⊙ In Ligurien baut man die Wegwarte (*Cichorium inybus* – wilde Schwester des Chicorée) im Garten an: Man bereitet aus ihr einen herzhaften Gemüsesalat als Antipasto. Dafür Blätter blanchieren und mit frischem Knoblauch in Zitronensaft und Olivenöl marinieren.

Wild & vegan: ein pflanzlicher Protein-Lieferant

BODYBUILDER
Süßer Luzernen-Power-Smoothie

Die Luzerne – die Sprosse ist bekannt als Superfood „Alfalfa" – gehört zu den eiweißreichsten Wildpflanzen und zu den beständigsten: Sie steht uns von April bis November als wertvoller Eiweißlieferant zu Verfügung.

ZUTATEN

1 Handvoll Luzerne

1 Orange

½ Cantaloupe-Melone

2 bis 3 Lollo-bionda-, Grüner-Eichblattsalat-Blätter oder Romanasalatblätter

0,1 Liter Wasser

1 Handvoll Crushed Ice

Ergibt etwa 0,4 Liter.

ZUBEREITUNG

- Luzerne und Salat waschen.
- Orange schälen und vierteln.
- Melone ebenfalls schälen und grob in Stücke schneiden.
- Luzernenblätter abzupfen.
- Wasser und Crushed Ice in den Mixer geben.
- Orangen- und Melonenstücke dazugeben.
- Luzerne und Salat daraufgeben. Mixen.

MIXER-INFO

- Hochleistungsmixer ca. 20 Sekunden,
- Küchenmixer ca. 2 Minuten.

TIPP: Die Luzerne wächst schnell und ist somit äußerst ertragreich. Ihre Wurzeln gehen bis 4,5 Meter tief in die Erde. So nährt sich die Pflanze also aus weitgehend unverbrauchten Bodenschichten. Wer ein wenig Platz im Garten frei hat, sollte sich den unverwüstlichen, pflanzlichen Eiweiß-Lieferanten an Bord holen.

Gut zu Fuß an heißen Tagen

SWEET STARTER

Mädesüß-Bananen-Smoothie mit Minze

Schmeckt verheißungsvoll wie Morgentau auf einer Sommerwiese. Das blumige Mädesüß weckt die Lebensgeister und hilft gegen Kopfschmerzen. Es wirkt leicht entwässernd (keine schweren Beine mehr!) und den Lymphfluss aktivierend, so ist es eine gute Unterstützung für heiße Tage.

ZUTATEN

4 bis 5 Stängel blühendes Mädesüß (Blätter und Blüten)
1 Stängel Minze
3 große Blätter Kohldistel
1 Apfel
2 Bananen
0,2 Liter Wasser
1 Handvoll Crushed Ice

Ergibt etwa 0,6 Liter.

ZUBEREITUNG

- Kräuter waschen, Mädesüßblüten nicht.
- Apfel waschen und vierteln, dabei Blüte und Stiel entfernen; Kerngehäuse mit verwenden.
- Bananen schälen und grob zerteilen.
- Wasser und Crushed Ice in den Mixer füllen.
- Banane und Apfel dazugeben.
- Abschließend Mädesüß, Minze und Kohldistel daraufgeben. Mixen.

MIXER-INFO

- Hochleistungsmixer ca. 20 Sekunden,
- Küchenmixer ca. 1,5 Minuten (Kerngehäuse des Apfels entfernen).

TIPPS: Über den Vormittag verteilt trinken. ⊙ Die Kohldistel als Chlorophyllträger kann man durch geschmacklich neutrale Blattgemüse oder Salate ersetzen. Ein großes Kohldistelblatt entspricht etwa 2 bis 3 Salatblättern. Im Frühjahr Mädesüßblätter verwenden.

SCHNEEBALL

Syltrosen-Spätlese-Smoothie mit Spitzwegerich

Wenn der erste Schnee auf die Hagebutten-Spätlese fällt, gehen Sie mit Ihrem/Ihrer Liebsten hinaus: ans Meer, in die Berge ... Machen Sie eine Schneeballschlacht und bringen Sie jeder einen Schneeball und 1 Handvoll reife Hagebutten mit.

ZUTATEN

2 gehäufte Handvoll Hagebutten
5 bis 6 Blättchen Spitzwegerich
2 rote, süße „Nikolausäpfel"
Saft von 1 Zitrone
2 Schneebälle

Ergibt etwa 0,4 Liter.

ZUBEREITUNG

- Hagebuttenblüte und -stängel abschneiden – Kernchen bleiben drin.
- Spitzwegerich waschen.
- Äpfel waschen, in dünne Scheiben schneiden, dabei Blüte, Stiel und Kerngehäuse entfernen, Scheiben kurz in Zitronensaft marinieren.
- Wasser und Schneebälle in den Mixer füllen.
- Apfelscheiben, Hagebutten und Spitzwegerich dazugeben. Mixen.

MIXER-INFO

- Hochleistungsmixer ca. 30 Sekunden,
- Küchenmixer ist wegen der Nüsschen der Hagebutte nicht geeignet.

TIPP: Schneebälle nur bei sauberer Luft verwenden, sonst statt des Schnees 0,1 Liter Wasser und 1 Handvoll Crushed Ice nehmen.

INFOS: Die weichen Hagebutten haben den höchsten Vitamin-C- und Antioxidantiengehalt unserer heimischen Wildfrüchte. ☉ Die Hagebuttenkernchen enthalten Vanillin – einfach köstlich!

Dankeschön an dein Entgiftungsorgan

LEBERWOHL

Mariendistel-Avocado-Smoothie

Das Zentralorgan unseres Stoffwechsels ist fleißig: Es steuert den Glucose-, Fett- und Eiweißhaushalt, beseitigt Alkohol, Medikamente, Nahrungszusätze aller Art. Die Mariendistel hilft der Leber, sich zu regenerieren.

ZUTATEN

- 1 große Handvoll Mariendistelblätter und -blüten
- 1 Esslöffel Mariendistelsamen, über Nacht in 0,2 Liter Wasser eingeweicht
- 2 verschiedene Früchte (Pfirsich, Mandarine, Apfel, Aprikose, Kiwi)
- ¼ Avocado
- 1 Handvoll Crushed Ice

Ergibt etwa 0,4 bis 0,5 Liter.

ZUBEREITUNG

- Mariendistelblätter waschen, -blüten nicht.
- Früchte waschen und grob in Stücke schneiden.
- Avocado längs teilen, den Kern entfernen und ein Viertel des Fruchtfleisches mit einem Löffel aus der Schale heben.
- Crushed Ice in den Mixer füllen.
- Zuerst Fruchtstücke, dann Mariendistelblätter und -samen mit Einweichwasser dazugeben. Mixen.

MIXER-INFO

- Gelingt nur im Hochleistungsmixer – Mixdauer ca. 30 Sekunden (Stacheln zerkleinert er zuverlässig).

INFOS: Sie ist eine dekorative Pflanze, die man im Mittelalter gern im Hausgarten hatte. ⊙ Kur mit Mariendiestelsamen max. 6 Wochen. ⊙ Im Winter einfach in einem anderen Smoothie deiner Wahl.

ACHTUNG: Die Mariensistel steht unter Naturschutz, nur im Garten ernten.

Reinigung von innen – für Fortgeschrittene

SEASON CLEARING

Gundermann-Ananas-Smoothie mit Buchenblättern

Der intensiv aromatisch duftende Gundermann gilt in der Volksheilkunde als Heilpflanze gegen Verschleimung der Bronchien und rheumatische Beschwerden. Die enzymreiche Ananas, bekannt für ihren Detox-Effekt, unterstützt die Wirkung und schmeckt herrlich exotisch.

ZUTATEN

- **ca. 10 bis 15 Blättchen Gundermann**
- **1 Handvoll junge Buchenblätter**
- **alternativ 1 Handvoll Kratzdistel oder Salat**
- **1 Baby-Ananas**
- **1 Esslöffel Kokosraspeln (am besten Rohkostqualität)**
- **0,1 Liter Wasser (zum Einweichen der Kokosraspeln)**
- **1 Handvoll Crushed Ice**

Ergibt etwa 0,4 Liter.

ZUBEREITUNG

- 1 Esslöffel Kokosraspeln etwa ½ Stunde in Wasser einweichen.
- Gundermann, Buchen- und Kratzdistelblätter waschen.
- Ananas schälen und grob in Stücke schneiden.
- Crushed Ice in den Mixer füllen.
- Zuerst Ananas, dann Blätter und zuletzt Kokosflocken dazugeben. Mixen.

MIXER-INFO

- Hochleistungsmixer ca. 40 Sekunden.

TIPP: Schmeckt köstlich – aber nur, wenn Sie wirklich reife Ananas verwenden! Unreife Ananas kann bei empfindlichen Menschen die Verdauung extrem beschleunigen. Diese zum Reifen mit einem Apfel 2 bis 3 Tage lagern.

Rundum gut versorgt

FANTA 4

Sommerlicher Querbeet-Smoothie mit Ingwer

Keine Zeit, aber noch einen Rest Melone im Kühlschrank? Einfach im Garten
2 Handvoll Kräuter – Giersch, Löwenzahn, Brennnessel und Spitzwegerich –
wildern, Obst nach Saison dazugeben … fertig! Ein geniales 5-Minuten-Rezept!

ZUTATEN

2 Handvoll Wildkräuter-Mix
   (Giersch, Löwenzahn, Brenn-
   nessel und Spitzwegerich)
¼ Honigmelone
   (ca. 500 Gramm)
Ingwer (ca. 2 bis 3 Zentimeter)
0,1 Liter Wasser
1 Handvoll Crushed Ice

Ergibt etwa 0,5 bis 0,7 Liter.

ZUBEREITUNG

- Wildkräuter waschen und die Blätter abzupfen.
- Melone schälen und grob in Stücke schneiden.
- Wasser und Crushed Ice in den Mixer füllen.
- Zuerst Melone, dann Kräuter und Ingwer dazugeben. Mixen.

MIXER-INFO

- Hochleistungsmixer ca. 20 Sekunden,
- Küchenmixer ca. 3 Minuten (Stängel vorher entfernen).

TIPPS: Bereits 150 Gramm Honigmelone decken den Tagesbedarf an Vitamin A
(der Vitalstoff für Zellwachstum und Sehstärke). ☉ Zum Würzen roten Pfeffer
verwenden, nach Geschmack auch etwas Fleur de Sel auf den Drink streuen.
☉ Vitamine, Antioxidantien, Mineralien – eine Kombination wie in einem isoto-
nischen Energy-Drink.

GRÜNKRAFT

Kohldistel-Smoothie mit Cubebenpfeffer

Dank unserer Hochleistungsmixer können wir selbst das üppige Grün der Disteln für Smoothies nutzen. Die Kohldistel wächst extrem schnell und ist dank großer Blätter ruckzuck gepflückt. Ein Eins-a-Chlorophyll-Lieferant, der in Japan als Gemüse angebaut wird.

ZUTATEN

3 bis 4 große Kohldistelblätter
1 Stängel Minze
2 verschiedene Früchte nach Saison (Apfel und Aprikose, Apfel und Gurke oder Orange und Banane)
0,2 Liter Wasser
1 Handvoll Crushed Ice

Ergibt etwa 0,7 Liter.

ZUBEREITUNG

- Kohldistel und Minze waschen.
- Obst waschen, ggf. schälen und in grobe Stücke schneiden. Beim Apfel: Kerngehäuse mit verwenden.
- Wasser und Crushed Ice in den Mixer füllen.
- Zuerst Obst, dann Kräuter dazugeben. Mixen.

MIXER-INFO

- Hochleistungsmixer ca. 20 Sekunden,
- Küchenmixer ca. 2 Minuten (Kerngehäuse des Apfels und harte Pflanzenteile entfernen).

TIPP: Zum Würzen frisch gemörserten Cubebenpfeffer auf den Drink geben. Cubebenpfeffer entwickelt wie Minze Menthol-Aromen, wenn man ihn aufbeißt. Erfrischend und belebend!

Lichtgrün, schlank, erfrischend

BAYWATCH

Erdbeerblätter-Ananas-Smoothie

Leckerer Hitzefrei-Smoothie. Erdbeerblätter waren früher die Basis jedes Haustees. Sie schmecken fruchtig-grün und wirken mild entwässernd und adstringierend, daher der kühlende Effekt. Die enzymreiche Ananas aktiviert dazu die Fettverbrennung.

ZUTATEN

- 1 Handvoll (junge) Walderdbeerblätter
- 10 Gänseblümchenblüten
- 1 ca. 2 Zentimeter dicke Scheibe Ananas
- ½ Birne
- 0,25 Liter Wasser
- 1 Handvoll Crushed Ice

Ergibt etwa 0,5 Liter.

ZUBEREITUNG

- Walderdbeerblätter gut waschen, Gänseblümchenblüten nicht.
- Ananasscheibe schälen und vierteln.
- Birne waschen, vierteln, dabei Stiel und Blüte entfernen. Kerngehäuse mit verwenden.
- Wasser und Crushed Ice in den Mixer füllen.
- Zuerst Früchte, dann Erdbeerblätter und Gänseblümchen dazugeben. Mixen.

MIXER-INFO

- Hochleistungsmixer ca. 30 Sekunden,
- Küchenmixer ca. 3 Minuten (Kerngehäuse der Birne entfernen; Stängel vorher entfernen).

TIPPS: Am aromatischsten schmecken junge, weiche Walderdbeerblätter. Walderdbeeren kann man gut im eigenen Garten unter die Büsche pflanzen.

⊙ Drink mit Walderdbeeren und Gänseblümchenblüten dekorieren.

Schmeckt gut – tut gut

BE HAPPY

Rainkohl-Avocado-Smoothie

Gärtners Glücksstunde: Rainkohl sprießt nicht nur am Wegesrand, sondern vor allem auch in frisch umgegrabenen Beeten. Seine weichen, krautigen Blätter geben herrlich cremige Smoothies. Die Pflanzenheilkunde empfiehlt Rainkohl für die Leber und bei Diabetes.

ZUTATEN

15 Stängel Rainkohl
4 Stängel Minze
½ Avocado (mit Kern)
1 Scheibe Zitrone (mit Schale)
3 Stangen Sellerie
0,5 Liter Wasser

Ergibt etwa 0,7 Liter.

ZUBEREITUNG

- Rainkohl und Minze waschen, Blätter abzupfen.
- Avocado längs teilen, den Kern entfernen und das Fruchtfleisch mit einem Löffel aus der Schale heben.
- Stangensellerie waschen und in grobe Stücke schneiden.
- Wasser in den Mixer geben.
- Avocadofleisch, Zitronenscheibe, Sellerie, Rainkohl und Minze dazugeben. Mixen.

MIXER-INFO

- Hochleistungsmixer ca. 30 Sekunden (der Avocadokern kann mitverwendet werden),
- Küchenmixer ca. 2 Minuten (harte Pflanzenteile vorher entfernen).

TIPPS: Zum Würzen frisch gestoßenen Pfeffer und Meersalz nach Geschmack verwenden. ⊙ Rainkohl schmeckt auch hervorragend in Salaten, als Spinat oder Quiche. ⊙ Enthält Inulin (den heimlichen Schlankmacher).

Frühlingsfrische Abwechslung

GREEN SPRING

Bach-Ehrenpreis-Gurken-Apfel-Smoothie

Einer der ersten üppigen Frühlingsboten ist das Bach-Ehrenpreis: Es wächst üppig an klaren, schnellen Bachläufen. Wie der Löwenzahn enthält es Bitterstoffe, kombiniert mit der Schärfe der Kresse. Hilft den Stoffwechsel zu aktivieren und gilt als Cholesterinregulierer.

ZUTATEN

- **2 große Hände voll Bach-Ehrenpreis**
- **1 Stängel Minze**
- **1 Apfel**
- **½ Salatgurke**
- **0,1 Liter Wasser**
- **1 Handvoll Crushed Ice**

Ergibt etwa 0,4 Liter.

ZUBEREITUNG

- Bach-Ehrenpreis und Minze gut waschen, Blätter abzupfen.
- Apfel waschen und vierteln, dabei Blüte und Stiel entfernen; Kerngehäuse mit verwenden.
- Gurke waschen und grob in Stücke schneiden.
- Wasser und Crushed Ice in den Mixer füllen.
- Zuerst Apfel und Gurke, dann Kräuter dazugeben. Mixen.

MIXER-INFO

- Hochleistungsmixer ca. 20 Sekunden,
- Küchenmixer ca. 2 Minuten (Kerngehäuse des Apfels entfernen).

TIPPS: Gut waschen, damit keine Wasserbewohner wie Schnecken mit in den Mixer kommen. ☺ Der Apfel passt in die Saison und kann im Darm Schadstoffe binden, unterstützt den Detox-Effekt.

herb-frisch
DETOX

Energiepflanze für Stärke, Schönheit und Lust

ENERGIESCHUB

Brennnessel[2]-Smoothie aus Blatt & Frucht

Im Frühjahr und im Herbst regenerieren sich Körper und Seele. Die Kraftmischung dazu liefert die Brennnessel durch Blatt und Samen: Eiweiß, Eisen und Kieselsäure in Potenz. Und: Geht es dem Körper gut, hat er auch Lust. Daher ihr Ruf als Aphrodisiakum. Dieser Drink schmeckt nach Wald.

ZUTATEN

- 1 Handvoll (junge) Brennnesselblätter
- 1 kleine Handvoll Brennnesselsamen (1 Esslöffel getrocknete Samen)
- 1 großer Apfel
- 1 Kiwi
- 0,1 Liter Wasser
- 1 Handvoll Crushed Ice

Ergibt etwa 0,4 Liter.

ZUBEREITUNG

- Brennnesselsamen in den 0,1 Litern Wasser über Nacht einweichen.
- Brennnesselblätter abzupfen und waschen.
- Apfel waschen und vierteln, dabei Blüte und Stiel entfernen; Kerngehäuse mit verwenden.
- Kiwifleisch mit einem Löffel aus der Schale nehmen.
- Crushed Ice in den Mixer füllen.
- Zuerst Früchte, dann Blätter und Samen der Brennnessel mit dem Einweichwasser dazugeben. Mixen.

MIXER-INFO

- Hochleistungsmixer ca. 20 Sekunden,
- Küchenmixer ca. 2 Minuten (Kerngehäuse des Apfels vorher entfernen).

TIPPS: Zum Würzen Ingwer, Muskatblüte … verwenden. Erlaubt ist, was schmeckt! Brennnessel-Dosis langsam steigern, mit 8 Blättchen beginnen. ⊙ Im Herbst Kiwi durch Pflaumen ersetzen. ⊙ Der Brennnessel[2]-Smoothie ist etwas für Fortgeschrittene.

Aktiviert – macht Lust auf mehr

FRÜHJAHRSPUTZ

Löwenzahn-Mango-Smoothie mit Leinsamen

Löwenzahn ist im Frühjahr eines der ersten – und wirkungsvollsten – Wildkräuter, um dem Winterspeck zu Leibe zu rücken. Er aktiviert alle Verdauungsdrüsen. Darum: mit wenigen Blättchen starten, langsam steigern. Leinsamen für optimale Aufnahme des Vitamin A der Mango.

ZUTATEN

- 1 Handvoll (junge) Löwen-zahnblätter (für Einsteiger gemischt mit Giersch)
- ½ Mango
- 1 Apfel
- 1 Esslöffel Leinsamen, über Nacht in 0,1 Liter Wasser eingeweicht
- 1 Handvoll Crushed Ice

Ergibt etwa 0,4 Liter.

ZUBEREITUNG

- Löwenzahn waschen.
- Apfel waschen und vierteln, dabei Blüte und Stiel entfernen; Kerngehäuse mit verwenden.
- Mango schälen, den Kern entfernen.
- Crushed Ice in den Mixer füllen.
- Zuerst Früchte, dann Löwenzahn und Leinsamen mit Einweichwasser dazugeben. Mixen.

MIXER-INFO

- Hochleistungsmixer ca. 30 Sekunden,
- Küchenmixer ca. 2 bis 3 Minuten (Kerngehäuse des Apfels entfernen; Leinsamen wird nicht vollständig zerkleinert).

TIPP: Morgentrank! Löwenzahn kurbelt den Stoffwechsel an, dient durch die Bitterstoffe dem Entgiften. Nach dem Genuss des Drinks 1 Stunde wirken lassen. Danach zum Ausschwemmen im Lauf des Vormittags 1 Liter stilles (zimmerwarmes) Wasser trinken. Löwenzahn nicht bei Gallensteinen verwenden.

süß

GESUND

Drängende Probleme schnell gelöst

BLASENFREUND

Goldruten-Melonen-Smoothie

Viele Frauen leiden unter empfindlicher Blase. Da hilft die Goldrute – und viel, viel, viel trinken. Gern auch Goldruten-Tee. Die Goldrute wächst üppig und (fast) überall, dem Problem sollte also beizukommen sein.

ZUTATEN

ca. 5 bis 6 junge Goldrutentriebe
im Sommer 1 Handvoll Blätter
   sowie 1 bis 2 Blütenrispen
1 süßer Apfel
½ Cantaloupe-Melone (oder
   1 Mango, nach Geschmack)
0,1 Liter Wasser
1 Handvoll Crushed Ice

Ergibt etwa 0,4 Liter.

ZUBEREITUNG

- Goldrutentriebe waschen. Die Blütenrispen nicht.
- Apfel waschen und vierteln, dabei Blüte und Stiel entfernen; Kerngehäuse mit verwenden.
- Melone schälen, Kerne entfernen. Mango schälen, Kern entfernen. Fruchtfleisch grob in Stücke schneiden.
- Wasser und Crushed Ice in den Mixer füllen.
- Zuerst Früchte, dann Goldrute und Blüten dazugeben. Mixen.

MIXER-INFO

- Hochleistungsmixer ca. 20 Sekunden,
- Küchenmixer ca. 2 Minuten (Kerngehäuse des Apfels entfernen; Goldrute klein schneiden)

TIPP: Hilfreich ist die Goldrute in allen Varianten: im Smoothie, als Tee, die Triebe gebraten in den Antipasti. Und 2 bis 3 Liter trinken.

ACHTUNG: Der Goldruten-Smoothie ersetzt bei Blasenentzündung nicht den Gang zum Arzt .

Zaubertrank für Haut & Haar

RAPUNZEL

Brennnessel-Avocado-Smoothie

Rapunzel, Rapunzel, lass dein Haar herunter ... vermutlich stand bei Rapunzel in ihrem Turm Brennnessel auf dem Speiseplan, denn ihr Haarwuchs war legendär. Unsere Urgroßmütter tranken Brennnesseltee für langes, volles Haar bis ins hohe Alter.

ZUTATEN

- 1 Handvoll (junge) Brennnesselblätter
- 1 Esslöffel getrocknete Brennnesselsamen, über Nacht in 0,25 Liter Wasser eingeweicht
- 1 kleiner Apfel
- ½ Avocado mit Kern
- 1 Handvoll Feldsalat (Rapunzel)
- 1 Handvoll Crushed Ice

Ergibt etwa 0,5 Liter.

ZUBEREITUNG

- Brennnesselblätter abzupfen und waschen.
- Feldsalat putzen und waschen.
- Apfel waschen und vierteln, dabei Blüte und Stiel entfernen; Kerngehäuse mit verwenden.
- Avocado längs teilen, den Kern entfernen und das Fruchtfleisch mit einem Löffel aus der Schale heben.
- Crushed Ice in den Mixer füllen.
- Zuerst Früchte, dann Brennnesselblätter und -samen mit Einweichwasser sowie Feldsalat dazugeben. Mixen.

MIXER-INFO

- Hochleistungsmixer ca. 30 Sekunden,
- Küchenmixer ca. 3 Minuten (Kerngehäuse des Apfels und Blattstängel vorher entfernen).

TIPPS: Bis zu 20 Prozent (!) Mineralstoffe versorgen Haut und Haar: Um das Wachstum der Haare anzuregen und bei trockenem, brüchigem Haar empfiehlt sich zusätzlich die äußerliche Anwendung: mit Brennnessel-Tee als Spülung.

☉ Zum Würzen mit frisch geriebener Muskatnuss, 1 Spritzer Zitronensaft und 1 Prise Fleur de Sel abschmecken.

Warum die Heilige Hildegard nicht hustete

WUNDER BAR

Brombeerblätter-Smoothie mit Dost

„… aber wenn jemand an der Lunge leidet und hustet, so nehme man von den Brombeerblättern …" , schreibt Hildegard von Bingen, erste Ärztin der „Traditionellen Europäischen Medizin". Der schleimlösende Effekt wird durch die ätherischen Öle unseres heimischen Oregano (Dost) noch verstärkt.

ZUTATEN

- 1 Handvoll Brombeerblätter
  (je jünger, desto besser)
- 1 Stängel Dost mit Blüte
- 1 Handvoll Brombeeren
- 1 Handvoll Lollo rosso
- 0,25 Liter Wasser
- 1 Handvoll Crushed Ice

Ergibt etwa 0,5 Liter.

ZUBEREITUNG

- Brombeerblätter abzupfen und waschen.
- Dostblüte nicht waschen.
- Brombeeren und Salat waschen.
- Wasser und Crushed Ice in den Mixer füllen.
- Zuerst Brombeeren, dann Brombeerblätter, Salat und Dostblüte dazugeben. Mixen.

MIXER-INFO

- Gelingt nur im Hochleistungsmixer – Mixdauer ca. 40 Sekunden (hier werden alle Stacheln fein zerkleinert).

TIPP: Brombeerblätter sind (fast) unser einziges heimisches Winter-Blattgrün! Im Winter getrockneten Dost und eingefrorene Brombeerfrüchte verwenden.

Gut fürs Herz – Bluthochdruck ausgleichen

LÖWENBÄNDIGER

Weißdornblätter-und-blüten-Smoothie

Ü 40 ist in uns der Löwe los. Der Blutdruck steigt. Der Löwe ist mächtig, bewegt sich zu wenig und wird in Alltag, Beruf und Straßenverkehr täglich zum Revierkampf aufgefordert. Ist es da ein Wunder, wenn er auf 180 ist? – Da hilft der Weißdorn.

ZUTATEN

- 1 Handvoll hellgrüne Weißdornblätter
- 20 bis 30 Weißdornblüten
  (frisch erblüht)
- 3 verschiedene Früchte der
  Saison (je ca. 150 bis 200
  Gramm)
- 4 Blätter „neutraler" Salat
  oder Babyspinat
- 0,25 Liter Wasser
- 1 Handvoll Crushed Ice

Ergibt etwa 0,5 Liter.

ZUBEREITUNG

- Weißdornblätter waschen, Blüten nicht.
- Obst waschen und grob in Stücke schneiden.
- Salat waschen.
- Wasser und Crushed Ice in den Mixer füllen.
- Obst, Weißdornblätter und -blüten sowie Salat oder Spinat dazugeben. Mixen.

MIXER-INFO

- Hochleistungsmixer ca. 20 Sekunden,
- Küchenmixer ca. 2 Minuten (wird 1 Apfel und/oder 1 Birne verwendet: Kerngehäuse entfernen).

TIPPS: Die Blüten haben ein leichtes Bittermandelaroma. ⊙ Die Blättchen müssen beim Ernten weich und hellgrün sein. Blätter kann man gut einfrieren, die Blüten trocknen. ⊙ Die Weißdornblätter-und-blüten-Kombination kann man bei Bedarf auch in jeden anderen Grünen Smoothie geben.

Lindert jedes Körper- & Seelenweh

UNTER DEN LINDEN

Lindenblatt-Pfirsich-Smoothie mit Lindenblüte

Die mächtige Linde ist der magische Baum liebender Begegnung, das Yin unserer heimischen Bäume: Als Dorflinde, Tanzlinde, Friedenslinde stellt sie die Versöhnung in den Mittelpunkt des Lebens. Ihre Blüten wirken fiebersenkend und kühlend bei Hitze, lindern Husten und stärken das Immunsystem.

ZUTATEN

- 1 Handvoll junge, hellgrüne Lindenblätter (ca. 20 Stück)
- 6 Lindenblüten (frisch erblüht)
- 2 Pfirsiche
- 1 süßer Apfel
- 0,25 Liter Wasser
- 1 Handvoll Crushed Ice

Ergibt etwa 0,5 Liter.

ZUBEREITUNG

- Lindenblätter waschen, Blüten nicht.
- Apfel waschen und vierteln, dabei Blüte und Stiel entfernen; Kerngehäuse mit verwenden.
- Pfirsiche waschen, entkernen und vierteln.
- Wasser und Crushed Ice in den Mixer füllen.
- Früchte, Lindenblätter- und Blüten dazugeben. Mixen.

MIXER-INFO

- Hochleistungsmixer ca. 20 Sekunden,
- Küchenmixer ca. 2 Minuten (Kerngehäuse des Apfels entfernen).

TIPP: Wenn die Linde nicht blüht, für blumigen Geschmack und fürs Wohlbefinden statt Wasser (kalten) Lindenblüten-Tee verwenden.

Goji? Das ist unser heimischer Bocksdorn!

POWERFOODS

Brennnessel-Kaki-Smoothie mit Goji

Die Goji-Beere (Frucht des Gemeinen Bocksdorn) – „süß-bitter-scharf" – wird in der Traditionellen Chinesischen Medizin bei hohem Blutdruck, zu hohem Blutzuckerspiegel und Augenproblemen zur Unterstützung des Immunsystems und zur Krebsvorbeugung eingesetzt.

ZUTATEN

1 Handvoll frische oder
   1 Esslöffel getrocknete
   Goji-Beeren
3 Blättchen Beifuß (*Artemisia*)
1 Kaki
1 Birne
2 Clementinen
3 Blätter Pak Choi
0,25 Liter Wasser
1 Handvoll Crushed Ice

Ergibt etwa 0,7 Liter.

ZUBEREITUNG

- Getrocknete Goji-Beeren in 0,25 Liter Wasser etwa 1 Stunde einweichen.
- Beifuß waschen.
- Frische Beeren, Kaki und Pak Choi waschen, die Kaki vierteln.
- Birne waschen und vierteln, dabei Blüte und Stiel entfernen; Kerngehäuse mit verwenden.
- Clementinen schälen, zerteilen.
- Wasser (bei Frischbeeren 0,2 Liter Wasser) und Crushed Ice in den Mixer füllen.
- Obst, Beeren (getrocknete mit dem Einweichwasser), Beifuß und Pak Choi dazugeben. Mixen.

MIXER-INFO

- Hochleistungsmixer ca. 30 Sekunden,
- Küchenmixer ca. 3 Minuten (Kerngehäuse der Birne entfernen; Pak Choi grob schneiden).

TIPPS: Zum Würzen mit wärmendem Ingwer abschmecken (einfach ein Stück der Wurzel mitmixen). ⊙ Getrocknete Gojibeeren für den Smoothie schon 1 Stunde vorher in Wasser einweichen. ⊙ Goji-Beeren wachsen auch bei uns (frostfest bis -20°C) und schmecken frisch am besten.

Fruchtbarkeit, Macht, Reichtum

REICHSAPFEL
Schafgarbe-Granatapfel-Smoothie

Der Granatapfel – eine Frucht von überlegener Vitalität – galt als Symbol der Könige. Er enthält eine Vielzahl an Antioxidantien und Polyphenolen. An seiner Seite *Achillea*, unsere heimische Schafgarbe, Königin der pflanzlichen Allheilmittel.

ZUTATEN

6 Blättchen Schafgarbe
1 Granatapfel
1 Apfel
1 Birne
6 Blatt Lollo rosso
0,25 Liter Wasser
1 Handvoll Crushed Ice

Ergibt etwa 0,7 Liter.

ZUBEREITUNG

- Schafgarbe waschen und Blätter abzupfen.
- Salat waschen und grob schneiden.
- Granatapfel durchschneiden und Kerne in den Mixer klopfen.
- Apfel und Birne waschen und vierteln, dabei Blüte und Stiel entfernen; Kerngehäuse mit verwenden.
- Wasser und Crushed Ice in den Mixer füllen. Früchte, Salat und Schafgarbe dazugeben. Mixen.

MIXER-INFO

- Hochleistungsmixer ca. 30 Sekunden,
- Küchenmixer ca. 3 Minuten (Kerngehäuse von Apfel und Birne entfernen; Schafgarbenblätter vom Stängel zupfen).

TIPPS: Die Frucht halbieren mit der Schnittfläche nach unten über den Mixbecher halten, mit einem Löffel von oben auf die Schale klopfen, bis alle Kerne herausgefallen sind. Alles andere gibt böse Flecken. ⊙ Zum Würzen Langen Pfeffer, gemörsert, dazugeben.

Wake-me-up, der Morgentrunk

WALDWIPFEL

Fichtenspitzen-Apfel-Smoothie

Erfrischend wie ein Waldspaziergang nach einem warmem Frühlingsregen: Die ätherischen Öle der hellgrünen, jungen Fichtentriebe beleben den Kopf und vertreiben den letzten Rest Frühjahrsmüdigkeit.

ZUTATEN

15 junge Fichtentriebe
5 Blättchen Sauerampfer
1 Apfel
¼ Kopfsalat
1 Teelöffel Leinsamen, über
    Nacht in 0,25 Liter Wasser
    eingeweicht
1 Handvoll Crushed Ice

Ergibt etwa 0,5 Liter.

ZUBEREITUNG

- Fichtentriebe, Sauerampfer und Salat waschen.
- Apfel waschen und vierteln, dabei Blüte und Stiel entfernen; Kerngehäuse mit verwenden.
- Crushed Ice in den Mixer füllen.
- Apfel, Salat, Sauerampfer, Fichtentriebe und Leinsamen mit Einweichwasser dazugeben. Mixen.

MIXER-INFO

- Hochleistungsmixer ca. 20 Sekunden,
- Küchenmixer ca. 2 Minuten (Leinsamen werden vielleicht nicht vollständig zerkleinert).

ACHTUNG! Bitte achtsam ernten: Von jedem Baum nur wenige junge Triebe pflücken, und auch nur von Bäumen, die in einer Hecke wachsen oder an Stellen, wo sie ohnehin keine Zukunft haben.

Darmregeneration – für Fortgeschrittene

DER SANIERER
Sauerkraut-Chardonnay-Smoothie mit Minze

Im rohen (!) Sauerkraut wimmelt es nur so vor wertvollen Milchsäurebakterien, die unser Darm liebt. Gerade wenn er z. B. durch Antibiotika strapaziert ist oder lahmt. Den Drink am besten niedrig dosiert (jeweils nur 0,1 Liter), langsam und über den Tag verteilt trinken. Schmeckt ungeahnt frisch und lecker!

ZUTATEN

2 Stängel (Apfel-)Minze
1 Apfel
1 Handvoll grüne Weintrauben
1 Handvoll rohes Sauerkraut
1 Handvoll Crushed Ice

Ergibt etwa 0,4 Liter.

ZUBEREITUNG

- Minze waschen und Blättchen abzupfen.
- Apfel waschen und vierteln, dabei Blüte und Stiel entfernen; Kerngehäuse mit verwenden.
- Weintrauben waschen, Beeren abzupfen.
- Crushed Ice in den Mixer füllen.
- Apfel, Weintrauben, Sauerkraut und Minze dazugeben. Mixen.

MIXER–INFO

- Hochleistungsmixer ca. 20 Sekunden,
- Küchenmixer ca. 2 Minuten (Kerngehäuse des Apfels entfernen).

TIPPS: Zum Würzen Abrieb von der Zitronenschale verwenden. ◉ Minze gibt es im Winter im Biomarkt auch im Topf zu kaufen.

Durchsetzungskraft stärken – für Fortgeschrittene

IMMUNITÄT

Artemisia-Aronia-Smoothie

Artemisia (der Beifuß) galt den Kelten als magisches Kraut des Übergangs, der Reinigung in Krisen. Die unendlich zähe, hoch antioxidativ wirkende Aroniabeere (auch Apfelbeere genannt) war bei den Indianern ein Allheilmittel. Ein dunkelroter, herber Zellschutz-Zaubertrank, um die Immunabwehr zu stärken.

ZUTATEN

1 ca. 10 Zentimeter lange Rispe der Beifußblüte und 2 bis 3 Beifußblättchen
15 Aroniabeeren (ggf. getrocknet)
1 Banane
1 Birne
1 Handvoll Lollo rosso
0,25 Liter Wasser
1 Handvoll Crushed Ice

Ergibt etwa 0,7 Liter.

ZUBEREITUNG

- Beifußblättchen waschen, -blüte von Stängel abstreifen, nicht waschen.
- Salatblätter und Aroniabeeren waschen.
- Banane schälen und grob zerteilen.
- Birne waschen und vierteln, dabei Blüte und Stiel entfernen; Kerngehäuse mit verwenden.
- Wasser und Crushed Ice in den Mixer füllen.
- Zuerst Beeren und Früchte, dann Beifuß und Salat dazugeben. Mixen.

MIXER-INFO

- Hochleistungsmixer ca. 30 Sekunden,
- Küchenmixer ca. 2 Minuten (Kerngehäuse der Birne entfernen).

TIPPS: Zum Würzen mit etwas Bertrampulver abschmecken. ◉ Aroniabeeren pflanzen Sie am besten in Ihrem Garten an. ◉ Alternativ ½ Esslöffel getrocknete Aroniabeeren und Beifußblättchen über Nacht in die 0,25 Liter Wasser einweichen.

ACHTUNG! Beifuß kann bei empfindlichen Menschen Allergien auslösen.

Einer für alles – für Fortgeschrittene

WINTER ADE

Brunnenkresse-Wegerich-Smoothie mit Gänseblümchen

Die Kombination gegen Frühjahrsmüdigkeit: Scharfe Brunnenkresse und Spitzwegerich vertreiben Katarrhe der Luftwege. Das Gänseblümchen wirkt leicht adstringierend, sodass wir „selbst die letzten Erkältungsreste" im Handumdrehen los sind.

ZUTATEN

2 Handvoll Brunnenkresse, Giersch, Spitzwegerich, Gänseblümchenblüten
1 Apfel
½ Grapefruit
¼ Lollo bionda
0,1 Liter Wasser
1 Handvoll Crushed Ice

Ergibt etwa 0,5 Liter.

ZUBEREITUNG

- Brunnenkresse, Giersch, Spitzwegerich, Gänseblümchen und Salat waschen.
- Grapefruit schälen, Kerne entfernen.
- Apfel waschen und vierteln, dabei Blüte und Stiel entfernen; Kerngehäuse mit verwenden.
- Wasser und Crushed Ice in den Mixer füllen.
- Früchte, Salat und Wildkräuter dazugeben. Mixen.

MIXER-INFO

- Hochleistungsmixer ca. 30 Sekunden,
- Küchenmixer ca. 3 Minuten (Kerngehäuse des Apfels entfernen).

TIPPS: Wer es noch herzhafter mag, kann ein paar Blättchen Bärlauch mitmixen. Bärlauch ist das klassische Wildkraut zum Ausleiten, selbst von Schwermetallen.
◉ Zum Würzen mit grünem Pfeffer oder 1 Prise Galgant abschmecken.

Für den Morgen danach

HANGOVER

Giersch-Bananen-Smoothie mit Minze

Wie jeder weiß, bleibt Alkoholgenuss nicht ohne Nachwirkungen. Der Körper leidet anschließend unter Elektrolytmangel, er dehydriert. Das merkt man vor allem im Kopf. Die milde Kombination aus Giersch und Banane gibt Kraft, besänftigt den Magen und reguliert den Kaliumhaushalt.

ZUTATEN

1 Handvoll Giersch
5 Blättchen Minze
2 Bananen
0,25 Liter Wasser
3 bis 4 Eiswürfel

Ergibt etwa 0,5 Liter.

ZUBEREITUNG

- Giersch und Minze waschen.
- Bananen schälen und grob zerteilen.
- Wasser und Eiswürfel in den Mixer füllen.
- Banane, Giersch und Minze dazugeben. Mixen.

MIXER–INFO

- Hochleistungsmixer ca. 30 Sekunden,
- Küchenmixer ca. 2 Minuten.

TIPP: Zum Würzen: Wer arg verkatert ist, kann einen Hauch Fleur de Sel dazugeben. Wem Minze zu intensiv schmeckt, der nehme 1 Rispe Mädesüß, denn dieses Kraut wirkt gegen Kopfschmerzen. Wem es gar zu mau im Magen ist, der nehme statt der Banane lieber Apfel, der wirkt wahre Wunder. Den Smoothie ganz langsam Schluck für Schluck trinken. Und zum Lüften einen Wildkräuterspaziergang machen. Alles wird gut!

Einmal-rund-ums-Haus-Rezept

VITAMINBOMBE

7-Kräuter-Smoothie mit Frühlingsgefühlen

Die ersten Frühlingskräuter sind echte Pioniere. Nie wieder später im Jahr enthalten sie Phytonährstoffe in dieser Dichte. Gerade wenn es draußen schneeregnet, müssen sie in den Mixer, denn sie bringen Ihren Körper in Schwung!

ZUTATEN

2 bis 3 Handvoll Brennnessel, Löwenzahn, Spitzwegerich, Giersch, Vogelmiere, Gundermann, Bärlauch

1 süßer Apfel

1 Birne

1 Kiwi

Schalenabrieb und Saft von ½ Zitrone

0,25 Liter Wasser

1 Handvoll Crushed Ice

Ergibt etwa 0,7 Liter.

ZUBEREITUNG

- Wildkräuter waschen und Blättchen abzupfen.
- Apfel und Birne waschen und vierteln, dabei Blüte und Stiel entfernen; Kerngehäuse mit verwenden.
- Kiwifleisch mit dem Löffel aus der Schale nehmen.
- Schale von ½ Zitrone abreiben, dann die halbe Zitrone entsaften.
- Wasser und Crushed Ice in den Mixer füllen.
- Obst, Wildkräuter sowie Zitronenschalenabrieb und -saft dazugeben. Mixen.

MIXER-INFO

- Hochleistungsmixer ca. 30 Sekunden,
- Küchenmixer ca. 3 Minuten (Kerngehäuse von Apfel und Birne entfernen).

TIPPS: Je nach Bodenbeschaffenheit und Klima wachsen in Ihrer Gegend andere Wildkräuter. Nehmen Sie diese. Wichtig ist, dass Sie den „First Flush" unserer heimischen Wildkräuter genießen. Etwa 2 Wochen verfügen die Kräuter über diese hohe energetische Qualität. ◉ Zum Würzen mit Galgantpulver und Fleur de Sel abschmecken.

TEIL 4
PFLANZEN–PORTRÄTS
50 HEIMISCHE WILDKRÄUTER VON A BIS Z

HERBARIUM

„BÄRENKLAUSTARKE" GESCHMACKS-ERLEBNISSE ...
ODER WARUM KEIN WEG ZU WEIT IST!

„Wurde ich denn das ganze Leben um meinen Geschmack betrogen?", fragte unser Fotograf überrascht, als er genau hier (siehe Abbildung) zum ersten Mal auf den Samen des Wiesen-Bärenklau biss. Er schmeckt völlig überraschend nach Orangenöl ... und adelt jeden Grünen Smoothie zum Wildkräuter-Cocktail!

Wildkräuter-Smoothies sind ein Geschenk der Natur. Viele Wildpflanzen sind traditionelle Heilpflanzen, deren vielfältige Eigenschaften seit Jahrhunderten in Küche und Hausapotheke genutzt werden. Als Vitalquelle – und für den Genuss. Wer Grüne Smoothies liebt, dem erschließt sich in Wald & Wiese eine neue Welt des Geschmacks: überraschend, ungezähmt und wild.

Die 50 Pflanzen sind so ausgewählt, dass sie überall reichlich zu finden sind. Einige wenige – wie z. B. die Mariendistel – sind selten und stehen unter Naturschutz. Man kann sie aber leicht im Garten oder einem großen Kübel ausäen und auf diese Weise bequem nutzen.

If in doubt, leave it out!

Wenn Sie noch kein Wildkräuterexperte sind, nehmen Sie an einer Kräuterwanderung teil. Lassen Sie die Hände weg von weißen Doldenblütlern! Wilde Möhre und Wiesen-Bärenklau sind für Anfänger tabu. Es besteht Verwechslungsgefahr mit Gemeiner Hundspetersilie oder Schierling, die giftig sind! Können Sie eine Pflanze nicht **eindeutig** durch 3 Merkmale (wie etwa die Form von Blatt, Stängel, Blüten, die Blütenfarbe, den Geruch, und den Standort) bestimmen, lassen Sie sie lieber stehen. Verwenden Sie ein fundiertes Bestimmungsbuch, Empfehlungen finden Sie im Literaturverzeichnis. Doch nun zu den Promis ... viel Spaß!

Info zur Verwechslungsgefahr im Pflanzenporträt:

Verwechslungen schließen Sie am besten aus, indem Sie eine geführte Kräuterwanderung bei einem Experten besuchen. Bei der Arbeit mit einem Bestimmungsbuch achten Sie darauf, dass 3 Kriterien einwandfrei zu identifizieren sind.

Eure Nahrung soll euer Heilmittel sein, und eure Heilmittel eure Nahrung!

Hippokrates

ACKERSCHACHTHALM

Equisetum arvense

ACKER-SCHACHTHALM ist der Favorit für Schönheit und Anti-Aging. Er versorgt den Körper mit Mineralien – zur allgemeinen Straffung des Gewebes (Krampfadern, Cellulite) und für Haut, Haar und Fingernägel.

STANDORT: Wächst an Böschungen, Wald- und Wiesenrändern im (grundwassernahen) Flachland auf Sand- oder Lehmböden. Etwa 30 Zentimeter hoch.

SAMMELN: Im Frühjahr bis in den Herbst, immer nur die jungen, noch weichen Triebe ernten. Regelmäßiges Abernten (3- bis 4-mal pro Jahr) fördert den Nachtrieb.

ACHTUNG! Verwechslungsgefahr mit dem giftigen Sumpf-Schachtelhalm möglich. Der Acker-Schachtelhalm hat grüne Blattscheiden (keine braunen!), darüber mehr als 8 Zacken, Durchmesser Stängel mehr als 3 Millimeter.

KÜCHE: Die jungen, weichen Blätter geben Smoothies im Frühling und im Sommer ein herb-waldiges Aroma. Gemüse verleiht der Acker-Schachtelhalm eine interessante bittere Note. Als Tee (am besten mit anderen Kräutern gemischt) angenehm mild mineralisch-süß.

Der Acker-Schachtelhalm ist von der Kommission E als Arzneipflanze anerkannt.

AUF EINEN BLICK

Verwendete Pflanzenteile:
Blatt
junge Pflanzentriebe

Erntezeit:
Blätter: April–August

Inhaltsstoffe:
10 Prozent Kieselsäure (!), Kalium, Magnesium, Flavonoide

Eigenschaften:
Acker-Schachtelhalm wirkt stark für unsere Gesundheit und Schönheit:
- straffend
- entwässernd
- das Gewebe festigend
- das Immunsystem stärkend

BACH-EHRENPREIS

Veronica beccabunga

BACH-EHRENPREIS ist besonders vitamin-reich und damit für die Frühjahrskur geeignet. Es gleicht Ernährungsdefizite eines langen Winters aus: „Trinkt Ehrenpreis und Bibernell, so sterbet ihr nit so schnell." Optimal als Chlorophyllträger in der Mischung mit anderen Wildkräutern.

STANDORT: Gedeiht am Rand fließender, nährstoffreicher Gewässer.
ACHTUNG! Nicht an Viehweiden ernten.

SAMMELN: Junge, knackige Triebe vor der Blüte und den frischen Austrieb im Herbst bis zum Frost ernten. Dazwischen macht das Bach-Ehrenpreis Sommerpause.

MYTHEN & WISSEN: Die Blüte erinnerte die Menschen an der Gesichtsabdruck Jesu im Schweißtuch der Veronika. Daher der lateini-sche Name. Wie alle Wasserpflanzen sehr gut waschen, um im Wasser lebende Tiere zu entfernen.

KÜCHE: Wer seinem Cholesterinspiegel et-was Gutes tun will, verwendet die jungen Triebe frisch im Smoothie. Sie schmecken grün, leicht kresseartig und sind reich an Bitterstoffen: für Salate, fein gehackt über Gemüse, in Kräuter-saucen und Pesto geeignet.

AUF EINEN BLICK

Verwendete Pflanzenteile:
Blatt, Blüte

Erntezeit:
Blätter: März–Mai und September–Frosteinbruch

Inhaltsstoffe:
Bitterstoffe, Gerbstoffe, Glycoside, Flavonoide

Eigenschaften:
Bach-Ehrenpreis ist hervorragend für die Frühjahrskur geeignet, da es den Stoffwechsel aktiviert. Es wirkt:
- blutreinigend
- entwässernd
- entgiftend
- den Cholesterinspiegel senkend

BALDRIAN
Valeriana officinalis

BALDRIAN wirkt besänftigend, ohne müde zu machen. Ideal in stressigen Lebensphasen und um auszuspannen. Medizinisch wird nur die Wurzel verwendet.

STANDORT: Wächst auf Feuchtwiesen und ist in Uferzonen zu finden, sonnig bis halbschattig.

SAMMELN: Die gefiederten Blätter von Mai bis September und die außergewöhnlich duftenden Blüten von Juni bis August ernten.

MYTHEN & WISSEN: Magische Pflanze der Elfen und Nymphen. Ihr Pate ist Baldur, der germanische Lichtgott, der wie die Pflanze mitleidvoll und segnend hilft.

KÜCHE: Der Geschmack ist ungewohnt und verheißt Raffinesse. Junge Triebe eignen sich für Kräutermischungen und Bratlinge. Besonders harmonisch in Antipasti mit kurzgebratenen Möhrenstiften. Aromatischer als die Blätter sind die Blüten: köstlich im Smoothie und zum Aromatisieren von Süßspeisen. Immer roh verwenden – nicht kochen!

Der Baldrian (Wurzel) ist von der Kommission E als Arzneipflanze anerkannt.

AUF EINEN BLICK

Verwendete Pflanzenteile:
Blatt, Blüte

Erntezeit:
Blätter: Mai–September
Blüten: Juli, August

Inhaltsstoffe:
Ätherisches Öl, Gerbstoffe, geringe Mengen Alkaloide

Eigenschaften:
Baldrian besänftigt Körper und Seele. Er wirkt:
- herzberuhigend
- nervenstärkend
- krampflösend
- schlaffördernd

BEIFUSS

Artemisia vulgaris

BEIFUSS galt einst als die „Mutter aller Pflanzen". Kulturübergreifend wurde er als heiliges Kraut verehrt. Heute gilt er als wertvoller Lieferant von Bitterstoffen.

STANDORT: Die bis 1,5 Meter hohe Pflanze wächst am Wegrand, auf Wiesen und Schotterplätzen.

SAMMELN: Beifußblätter ab Mai, die knospenden rispigen Blütenstände kurz vor dem Erblühen im Juli und August ernten.

MYTHEN & WISSEN: In der Antike war dieses Kraut der Göttin Artemis geweiht für Liebeszauber. Wolf Dieter Storl erzählt gern von der Verwendung bei Reinigungsriten indianischer Schamanen. Räucherungen mit Beifuß in keltischer Tradition markieren Übergänge und sollen die Atmosphäre reinigen.

KÜCHE: Der Frühjahrsaustrieb schmeckt süßlich-bitterwürzig in Aufläufen und Suppen. Der reife Beifuß des Spätsommers mit seinen Blütenrispen fördert die Fettverdauung. Sehr gut geeignet als Zutat für Kräutersalze und Würzmischungen. In Smoothies speziell für Menschen geeignet, die Bitterstoffe lieben. Sparsam verwenden!

ACHTUNG! In der Frauen-Naturheilkunde wird Beifuß zur Einleitung von Geburt und Menstruation verwendet, daher nicht geeignet für Frauen, die schwanger sind oder werden wollen.

AUF EINEN BLICK

Verwendete Pflanzenteile:
Blatt, Blüte

Erntezeit:
Blätter: Mai–September
Blüten: Juli, August

Inhaltsstoffe:
Bitterstoffe, Flavonoide, ätherisches Öl

Eigenschaften:
Beifuß wird eingesetzt zur Regulierung der Verdauung. Außerdem wirkt er:
- appetitanregend
- verdauungsaktivierend
- wärmend
- tonisierend

BREITWEGERICH

Plantago major

BREITWEGERICH wächst (fast) überall, das ganze Jahr, ist schnell gepflückt, schmeckt gut und gibt Smoothies mit seinen Schleimstoffen eine wunderbar glatte Konsistenz. Im Gegensatz zum Spitzwegerich ist er keine Arzneipflanze, eignet sich also perfekt für die tägliche Versorgung mit Phytonährstoffen.

STANDORT: Liebt verdichtete Böden am Wegrand und auf Wiesen. Pionierpflanze, ist also zäh, robust und nicht besonders anspruchsvoll.

SAMMELN: Die weichen, inneren Blättchen ernten. In Hochleistungsmixern kann man auch die größeren Blätter gut verwenden.

MYTHEN & WISSEN: Der Breitwegerich war der Freund der Pilger: in den Schuh hineingelegt, als Erstversorgung und Heilungsbeschleuniger bei Blasen. Der hohe Anteil an Schleimstoffen wirkt glättend und besänftigend auf alle Schleimhäute des Magen-Darm-Traktes und regt das sanfte Ausleiten von Giften an.

KÜCHE: Breitwegerich schmeckt nach Wald und Champignons – vor allem die Blüte und die Früchte. Die jungen Blättchen des ersten Austriebs mischt man in Salate, in Gemüse und Wildspinat; Blatt, Blüte und Früchte, klein geschnitten, sind lecker in Brotaufstrichen.

AUF EINEN BLICK

Verwendete Pflanzenteile:
Blatt, Blüte, Frucht

Erntezeit:
Blätter: April–Oktober
Blüten: Mai–Juni
Samen: August–Oktober

Inhaltsstoffe:
Glycoside, Schleimstoffe, Saponine, Flavonoide

Eigenschaften:
Ähnlich dem Spitzwegerich kuriert der Breitwegerich Erkrankungen der oberen Atemwege.
Er wirkt:
- antibiotisch
- reinigend auf die Atemwege
- und dient der Erstversorgung von Insektenstichen

BRENNNESSEL

Urticae dioica

BRENNNESSEL ist unser wertvollstes heimisches Superfood – mit Spitzenwerten, was Eiweiß, Eisen, Kieselsäure und Chlorophyll anbelangt. Sie enthält z. B. 30-mal so viel Vitamin C und 50-mal so viel Eisen wie Kopfsalat.

STANDORT: Liebt nährstoffreiche Böden in der Nähe von Siedlungen. Wächst an Waldrändern, am Kompost, im Ödland.

SAMMELN: Wir pflücken junge Triebe (die oberen 4 bis 5 Blätter) von März bis Oktober, die Fruchtstände, die im Spätsommer wie dicke Kordeln zwischen den oberen Blättchen hängen. Trick: Die Blätter fest anfassen, dann knicken die Brennhärchen um und können einem nichts anhaben. Wer sichergehen will, trägt Einmalhandschuhe.

MYTHEN & WISSEN: Aufgrund des hohen Gehalts an Kieselsäure wird Brennnesseltee seit jeher als Schönheitstonikum getrunken und als Haarspülung verwendet: für volles Haar bis ins hohe Alter. Brennnesselsamen, besonders reich an essenziellen Fettsäuren, wurden zur Steigerung der Vitalkräfte, als Aphrodisiakum und als Potenzmittel verzehrt.

KÜCHE: Wir verwenden das ganze Jahr die weichen oberen Blätter für Smoothies. Das Aroma der Blätter ist spinatartig-nesselig, das der Samen nussig. Als Frühjahrskur traditionell in Wildkräuterspinat, Aufläufen, auf der Quiche, in Pastagerichten und Risottos und als Tee.

Die Brennnessel ist von der Kommission E als Arzneipflanze anerkannt.

AUF EINEN BLICK

Verwendete Pflanzenteile:

Blatt, Samen

Erntezeit:

Blätter: April–Oktober
Samen: Juli–September

Inhaltsstoffe:

Eiweiß, Eisen, lösliche Kieselsäure, Kalium, Magnesium; 1 bis 2 Prozent Flavonoide

Eigenschaften:

Als Vitalkur in Frühjahr und Herbst wirkt die Brennnessel:

- blutreinigend
- entwässernd
- blutbildend
- blutzuckersenkend
- Haarwuchs fördernd
- potenzsteigernd
- hilfreich bei rheumatischen Erkrankungen

BROMBEERE

Rubus fruticosus

Die **BROMBEERE** ist die Anti-Aging-Pflanze unter den heimischen Wildfrüchten: reich an Antioxidantien zum Schutz vor Zellalterung, zur Verbesserung der Gehirnleistung und Kräftigung des Bindegewebes.

STANDORT: Wächst auf Kahlschlägen in Wäldern, an Waldrändern, in Hecken.

SAMMELN: Junge Blätter mit der Schere ernten, damit man sich nicht sticht. Eine der wenigen Pflanzen, die uns das ganze Jahr mit Grün versorgt.

MYTHEN & WISSEN: Die Brombeere enthält das in Pflanzen seltene Spurenelement Kupfer: Nach neuesten Forschungen ist Kupfermangel am Ausbruch von Alzheimer beteiligt. Während die Früchte für ihre Antioxidantien geschätzt werden, verwendet man einen Sud der Blätter medizinisch als Gurgelmittel und zur Behandlung von Durchfallerkrankungen.

KÜCHE: Die Blätter schmecken leicht adstringierend, ähnlich grünem Apfel. Der Hochleistungsmixer zerkleinert Stacheln zuverlässig. Fermentiert ergeben die Blätter einen schmackhaften Haustee. Die Beeren frisch im Smoothie, in Fruchtessig, in Süßspeisen, als Fruchtaufstrich oder Fruchtwein genießen.

Die Brombeere (Kraut) ist von der Kommission E als Arzneipflanze anerkannt.

AUF EINEN BLICK

Verwendete Pflanzenteile:
Blatt, Frucht

Erntezeit:
Blätter: Ganzjahresgrün
Früchte: August, September

Inhaltsstoffe:
Blätter: hoher Gerbstoffgehalt
Früchte: Polyphenole, Spurenelemente, Vitamine

Eigenschaften:
Die hohe Konzentration an Antioxidantien in den Früchten der Brombeere dient dem Zellschutz. Sie wirkt:
- immunstärkend
- krebsvorbeugend

BRUNNENKRESSE
Nasturtium officinale

BRUNNENKRESSE ist im Frühjahr unser wichtigster heimischer Vitamin-C-Lieferant: Bereits 100 Gramm decken unseren Tagesbedarf. Ihre pikante Schärfe verdankt sie dem hohen Gehalt an Senfglycosiden, die dem Zellschutz und der Immunabwehr dienen.

STANDORT: Wächst am Ufer von fließenden, sauberen Bächen und Quellen.
ACHTUNG! Nicht auf Viehweiden ernten.

SAMMELN: Die jungen Triebe vor der Blüte mit der Schere ernten. Vor dem Austrocknen geschützt transportieren. Wie alle Wasserpflanzen sehr gut waschen, um im Wasser lebende Tiere zu entfernen.

MYTHEN & WISSEN: Brunnenkresse ist eine ebenso wertvolle wie früher häufig verwendete Nahrungspflanze. Vor allem zur Behandlung von Erkältungen sowie Magen-Darm-Infektionen hat sie sich als natürliches Antibiotikum bewährt. Ihre Senfglycoside entfalten, während sie über die Schleimhäute der Atemwege und des Magen-Darm-Trakts ausgeschieden werden, lokal ihre antibakterielle Wirkung, ohne dass eine Gefahr von Resistenzen entsteht. Bereits 20 Gramm täglich können das Sich-Ausbreiten der Infektion mindern.

KÜCHE: Ihre wohldosierte Schärfe wird von Feinschmeckern geschätzt. Kresse ist eine der ältesten Salatpflanzen, sie wurde bereits 365 v. Chr. erwähnt. Verwendung vor allem in Suppen, Salaten, Kräutersaucen und in Brotaufstrichen.

Die Brunnenkresse (Kraut) ist von der Kommission E als Arzneipflanze anerkannt.

AUF EINEN BLICK

Verwendete Pflanzenteile:
Blatt, Blüte

Erntezeit:
Blätter: März–Juni, September–November

Inhaltsstoffe:
Senfglycoside, viel Vitamin C, Jod, Eisen, Phosphor

Eigenschaften:
Die Brunnenkresse wird vielfältig verwendet. Sie wirkt:
* bei Katarrhen der oberen Luftwege
* verdauungsfördernd
* blutreinigend
* krebsvorbeugend
* anregend auf die Gallenproduktion

DOST

Origanum vulgare

DOST ist unser heimischer Wilder Majoran. Herzhaften Smoothies verleiht er im Sommer eine mediterrane Würze. Er ist besonders reich an ätherischen Ölen.

STANDORT: Wächst auf trockenen Sonnenhängen, gern auf Kalkböden. Pionierpflanze, ist also zäh, robust und nicht besonders anspruchsvoll. .

SAMMELN: Die oberen 10 Zentimeter zur Blütezeit am besten mit der Schere ernten. Je intensiver violett die Blüte ist, desto reicher ist die Pflanze an ätherischen Ölen; nach dem Morgentau und vor der Mittagshitze ernten.

MYTHEN & WISSEN: Dost gehört in den Kräuterbuschen, also zu den zu einem Strauß gebundenen Kräutern, die in katholischen Regionen zu Mariä Himmelfahrt gesammelt und in der Kirche gesegnet werden. Als Räucherkraut soll er häusliche Spannungen lösen.

KÜCHE: Dost schmeckt ähnlich wie Majoran. Mit 4 Prozent ätherischem Öl hat er einen Spitzenplatz unter den heimischen Aromakräutern. Ideal zum Grillen, für Kräuteraufstriche, auf Pizza, in Suppen. Für den Smoothie Blättchen vom Stängel abstreifen und die aromatischen Stängel als Spießchen verwenden.

AUF EINEN BLICK

Verwendete Pflanzenteile:
Blatt, Blüte

Erntezeit:
Blätter: Juni–September
Blüten: Juli–August

Inhaltsstoffe:
Ätherisches Öl, Flavonoide, Gerbstoffe

Eigenschaften:
Dost wirkt antimikrobiell. Er wirkt:
- gegen Husten
- bei Blähungen
- verdauungsregulierend
- krampflösend
- anregend auf die Gallen-produktion

ECHTES LABKRAUT

Galium verum

ECHTES LABKRAUT überrascht mit einer Geschmackssensation. Die honigsüß duftenden Blüten verleihen einem grünen Wald-und-Wiesen-Smoothie einen unerwartet exotischen Charakter.

STANDORT: Wächst auf trockenen, sonnigen Wiesen und Böschungen.

SAMMELN: Ausschließlich die Blüten, am besten wenn der Morgentau abgetrocknet ist, aber vor der Mittagshitze mit einer Schere ernten.

MYTHEN & WISSEN: In der germanischen Mythologie Freya, der Göttin der Liebe und Fruchtbarkeit, geweiht. Das honigsüß duftende Echte Laubkraut gehört in den Kräuterbuschen, also zu den zu einem Strauß gebundenen Kräutern, die in katholischen Regionen zu Mariä Himmelfahrt gesammelt und in der Kirche gesegnet werden.

KÜCHE: Früher wurde das Echte Labkraut zur Herstellung von Käse verwendet. In der Wildpflanzenküche verwendet man es in Teemischungen, zum Aromatisieren von Essig, in Wildkräuterlikören, zum Aromatisieren von Fruchtsalaten, und man stellt daraus einen Sirup her, mit dem man Fruchtsalate aromatisiert und aus dem man (mit Puderzucker verrührt) leckere Glasuren herstellt.

AUF EINEN BLICK

Verwendete Pflanzenteile:
Blüte

Erntezeit:
Juli–August

Inhaltsstoffe:
Labferment, Kieselsäure, ätherisches Öl, Flavonoide

Eigenschaften:
Echtes Labkraut wirkt mild:
- den Lymphfluss fördernd
- leicht entwässernd

ENGELWURZ

AUF EINEN BLICK

Verwendete Pflanzenteile:

Blatt, Blüte, Samen

Erntezeit:

Blätter: April–Juni
Blüten: Juni–September
Samen: August–September

Inhaltsstoffe:

Glycoside, Gerbstoffe, ätherisches Öl, geringe Mengen Alkaloide

Eigenschaften:

Allgemein aufbauend und aktivierend, wird aber auch verabreicht zur Förderung der Verdauung und bei Magen-Darm-Krämpfen:

- krampflösend
- gegen Blähungen
- fördert den Gallenfluss
- antimikrobiell

DIE ENGELWURZ mit ihrem erstaunlichen Geschmacksspektrum von süßlich über herbe Bitternoten bis scharf adeln den Smoothie zum Wildkräuter-Cocktail. Noch intensiver, da reicher an ätherischen Ölen die Samen, etwas milder die Blüten. Die Engelwurz ist auch das wichtigste Würzkraut des Grünen Chartreuse, jenes legendären Klosterlikörs, dessen Rezept bis heute geheim ist.

STANDORT: Wächst in feuchten, nährstoffreichen Lagen, gerne auf leicht saurem Boden wie zum Beispiel an Waldrändern und auf überschwemmten Wiesen.

MYTHEN & WISSEN: In der Volksmedizin der Nordländer galt die Engelwurz als wichtige Heil- und Zauberpflanze. Empfohlene Tagesdosis nach Ursel Bühring 4,5 g. Medizinisch verwendet wird ausschließlich die Wurzel.

KÜCHE: Die jungen, weichen Blätter in Frühling und Sommer zum Aromatisieren von Grünen Smoothies, Süßspeisen, Kompott oder als Zugabe zu Salaten und Fruchtsalaten. Die geschälten Stängel werden von allem in England kandiert als Nascherei oder zum Verzieren von Torten verwendet, die Blüten zum Würzen von Limonaden (oder Smoothies), Samen als Gewürz für Brot oder Gebratenes.

ACHTUNG: Furanocumarine können fotosensible Reaktionen auslösen: zum Ernten der Wurzel am besten Handschuhe tragen, nach dem Genuss starke UV-Strahlung meiden.

Die Engelwurz (Wurzel) ist von der Kommission E als Arzneipflanze anerkannt.

FICHTE

Picea abies

Die **FICHTE** – speziell die jungen Fichtentriebe – ist reich an ätherischen Ölen und eignet
sich hervorragend für zitronig erfrischende
Smoothies, die köstlich schmecken und helfen,
Erkältungen zu verbannen.

STANDORT: Fichten waren jahrzehntelang
Favorit der heimischen Forstwirtschaft und sind
sehr weit verbreitet.

SAMMELN: Achtsam die jungen hellgrünen
Fichtentriebe sammeln. Fichten in Hecken (die
sowieso geschnitten werden) oder die Spitzen
wild wachsender Sämlinge bevorzugen.

MYTHEN & WISSEN: Der Baum wurde von
den Germanen als Vertreter des Donnergotts
Baldur – des Gottes der Hoffnung – verehrt.
Wegen des in den Nadeln enthaltenen Menthols
nicht bei Asthma verwenden. Verwechslung mit
der (giftigen) Eibe ist möglich, wenn auch nicht
wahrscheinlich.

KÜCHE: Die hellgrünen Triebe schmecken zitronig, die fertig ausgebildeten Nadeln würzig nach
Fichte. Junge Fichtentriebe schmecken mit
Kuvertüre überzogen hervorragend zu Eis. Fich-
tennadeln eignen sich als Tee bei Erkältungen.

*Fichtenspitzen sind von der Kommission E als
Arzneipflanze anerkannt.*

AUF EINEN BLICK

Verwendete Pflanzenteile:
hellgrüne, junge Triebe

Erntezeit:
April–Mai

Inhaltsstoffe:
Ätherische Öle, Flavonoide,
Vitamin C

Eigenschaften:
Fichtentriebe helfen bei
Katarrhen der Luftwege. Sie
wirken schleimlösend.

FRANZOSENKRAUT

Galinsoga ciliata

FRANZOSENKRAUT zeichnet sich durch den zweithöchsten Eisengehalt unter unseren heimischen Wildpflanzen aus. Vor der Industrialisierung der Landwirtschaft wurde es wegen seines hohen Mineralstoffgehalts als Tierfutter angebaut.

STANDORT: Am liebsten mag es lehmige, nährstoffreiche Böden; Franzosenkraut ist bekannt als „durchsetzungsstarkes" Gartenunkraut.

SAMMELN: Die Pflanze mit Blüte einige Zentimeter über dem Boden mit der Schere abschneiden oder die ganze Pflanze aus dem Boden ziehen. Die benachbarten Franzosenkräuter wachsen umso prächtiger.

MYTHEN & WISSEN: Das Franzosenkraut (kleinblütiges Knopfkraut) stammt aus Kolumbien, wo es bis heute als Nationalgewürz (*Guasca*) dient. Es waren die Franzosen, die es nach Europa brachten: zunächst in den Botanischen Garten von Paris, wo es um 1800 auswilderte und von den Truppen Napoleons auf dem Fußweg über Europa verteilt wurde. In Brasilien werden Blätter und Blüten des *Picão Branco* als Tee bei Bauchschmerzen aller Art verabreicht.

KÜCHE: Dieses Kraut schmeckt angenehm herzhaft-aromatisch. Die zähen Stängel entfernen und in würzigen Wildkräuter-Salaten, als Spinat oder als Suppenwürze nur die Blätter verwenden. Ausnahme: Im Smoothie können die Stängel mitverwendet werden.

AUF EINEN BLICK

Verwendete Pflanzenteile:
Blatt, Blüte

Erntezeit:
Blätter und Blüten: April–Oktober

Inhaltsstoffe:
Eisen, Kalium, Kalzium, Magnesium, Mangan, Vitamin A und C

Eigenschaften:
Franzosenkraut lindert Bauchschmerzen. Es wirkt beruhigend auf:
- Magen
- Darm
- Leber

FRAUENMANTEL
Alchemilla vulgaris

FRAUENMANTEL bildet zusammen mit Schafgarbe und Gänsefingerkraut das Dreigestirn der Frauenkräuter. Durch Phytohormone kann er Schwankungen im weiblichen Hormonhaushalt regulieren.

STANDORT: Wächst auf feuchten, lehmigen Wiesen und an Waldrändern.

SAMMELN: Am frühen Morgen die jungen Blättchen, möglichst mit „Guttationstropfen", sammeln und direkt in den Mixer geben.

MYTHEN & WISSEN: „Alchemistenkraut" oder Alchemilla heißt der Frauenmantel. Die „Pharmazeuten" des Mittelalters hatten erkannt, dass es sich beim morgendlichen „Guttationstropfen" in der Blattmitte nicht um normalen Tau, sondern um reinen Pflanzensaft handelt: Wasser, das aus der Erde aufgenommen, durch die Pflanze gefiltert und an den Blattzähnchen über Nacht ausgeschwitzt wird. Aus ihm glaubten sie den „Stein der Weisen" destillieren zu können.

KÜCHE: Junge Blättchen schmecken mild und unauffällig grün. Man kann sie als „Nahrungsergänzung" bei Bedarf sehr gut in Salate, Aufläufe und Kräutertees mischen. Im grünen Smoothie stehen die Phytowirkstoffe besonders gut aufgeschlüsselt zur Verfügung.

Der Frauenmantel (Kraut) ist von der Kommission E als Arzneipflanze bei Durchfallerkrankungen anerkannt.

AUF EINEN BLICK

Verwendete Pflanzenteile:
Blatt

Erntezeit:
April–Juni, September

Inhaltsstoffe:
Gerbstoffe (6 bis 8 Prozent), Flavonoide (2 Prozent), Phytosterine, Salicylsäure, Saponine

Eigenschaften:
Das „Frauenkraut" kann helfen bei:
- schmerzhafter Menstruation
- Zyklusstörungen
- und dient zur Stärkung nach der Entbindung

GÄNSEBLÜMCHEN
Bellis perennis

GÄNSEBLÜMCHEN gehören zu den ersten Frühjahrsboten und blühen dann unermüdlich das ganze Jahr über. Eine Handvoll Gänseblümchen im Smoothie hilft zähe Erkältungen zu vertreiben.

STANDORT: Anspruchslos und sehr weit verbreitet. Wächst auf Wiesen und Parkrasen.

SAMMELN: Gänseblümchen zu ernten macht viel Vergnügen: Man möchte unwillkürlich lächeln und Blütenkränze daraus flechten ...

MYTHEN & WISSEN: Das Gerücht, dass allein die Blüten – nicht aber die Blätter – essbar seien, kann von Heilkunde und Botanik nicht bestätigt werden. Wohl aber kann die Blüte bei manchen Menschen einen stechenden Nachgeschmack erzeugen. Aus den Blüten wird in der Kinderheilkunde ein milder Hustentee zubereitet.

KÜCHE: Die Blättchen erinnern im Geschmack an Feldsalat, die Blüten schmecken schwach adstringierend mit einer leichten Kamillenote. Gänseblümchen sind ein wichtiger Bestandteil von Wildkräutersalaten und Frühlingssuppen.

AUF EINEN BLICK

Verwendete Pflanzenteile:
Blatt, Blüte

Erntezeit:
März–November

Inhaltsstoffe:
Saponine, Gerbstoffe, Bitterstoffe, Flavonoide, Kalium, Calcium, Magnesium

Eigenschaften:
Gänseblümchen hilft bei Erkältungen. Es wirkt:
- schleimlösend
- auswurffördernd
- stoffwechselanregend

GÄNSEFINGERKRAUT
Potentilla anserina

GÄNSEFINGERKRAUT ist der Nothelfer für Frauen, die während ihrer Menstruation unter Bauchkrämpfen leiden. Für die „kraftvolle" Wirkung spricht der Name *Potentilla*, „kann etwas".

STANDORT: Weit verbreitet, wächst am Wegrand, am Bach oder Teich. Das Gänsefingerkraut mag es also feucht.

SAMMELN: Die jungen Blättchen sammeln und frisch oder getrocknet verwenden.

MYTHEN & WISSEN: In der bäuerlichen Hausapotheke verwendete man das Gänsefingerkraut, um bei Verletzungen (bei Mensch und Tier) Blutvergiftungen zu verhindern. Pfarrer Kneipp empfahl das Gänsefingerkraut als Tee vor allem zum Lösen von Darmkoliken bei Säuglingen und Kleinkindern.

KÜCHE: Die jungen Blättchen schmecken neutral-grün. Man kann sie in Smoothies, Suppen und Salate geben. Ihre Bedeutung liegt allein in der Heilwirkung.

Gänsefingerkraut ist von der Kommission E als Arzneipflanze bei Durchfallerkrankungen anerkannt.

AUF EINEN BLICK

Verwendete Pflanzenteile:
Blatt

Erntezeit:
April–August

Inhaltsstoffe:
Gerbstoffe, Flavonoide, Cumarine, Phytosterole

Eigenschaften:
Das „Frauenkraut" hilft bei Menstruationsschmerzen.
Es wirkt:
- krampflösend
- adstringierend
- leicht stopfend

GIERSCH

Aegopodium podagraria

GIERSCH ist der beste Eiweiß-Lieferant unter unseren heimischen Wildkräutern und übertrifft Kulturpflanzen, auch was den Vitamin-A- und den Eisen-Gehalt anbelangt, bei Weitem. Er ist reich an Mineralien und Spurenelementen.

STANDORT: Gedeiht in feuchten, schattigen Lagen. Vermehrt sich stark über Wurzelausläufer. Man findet ihn auch in Gärten, wo der Giersch als Plage gilt.

SAMMELN: Für Salat die jungen, gelbgrünen Blättchen ernten. Für den Smoothie eignen sich auch die Blätter im Sommer, die fester und nicht mehr gelbgrün sind. Blüten und Früchte zum Würzen von Mai bis September sammeln. Rückschnitt fördert den Austrieb.

MYTHEN & WISSEN: Seinen Namen „Gichtkraut" trägt der Giersch bereits seit der Römerzeit. Er wurde eigens dafür angebaut. Podagra ist der medizinische Begriff für einen akuten Gichtanfall am Großzehengrundgelenk. Der Giersch als wertvollstes Wildkraut für die basische Ernährung wirkt harnsäurelösend, entwässernd und entzündungshemmend. Eine Gefahr der Überdosierung besteht nicht.

KÜCHE: Der Giersch schmeckt angenehm würzig, nach Möhre und Petersilie. Da er schnell in großen Mengen zu ernten ist, bildet er das geeignete Basisgrün für den täglichen Grünen Smoothie, aber auch in Aufläufen, auf Quiches, in Füllungen und Brotaufstrichen, in Salaten und zu Pesto verarbeitet ist er köstlich.

AUF EINEN BLICK

Verwendete Pflanzenteile:
Batt, Blüte, Frucht

Erntezeit:
Blätter: April–Oktober
Blüten und Samen: Juni–August

Inhaltsstoffe:
Eiweiß, Vitamin A und C, Kalium, Magnesium, Kalzium

Eigenschaften:
Giersch wird traditionell angewendet gegen:
- Gicht
- Rheuma
- Arthritis

GUNDERMANN

Glechoma hederacea

GUNDERMANN ist angesagt, wenn es um Detox – Entgiften & Regenerieren – geht. Er bindet Giftstoffe und so setzt die Volksmedizin seit der Zeit der Kelten auf den wild-würzigen Gundermann. Für die Frühjahrskur tun bereits einige Blättchen Gundermann im Grünen Smoothie ihre Wirkung.

STANDORT: Gedeiht auf nährstoffreichen Wiesen, im Garten unter Büschen und Sträuchern, wo der Gundermann ein attraktiver Bodendecker ist. In Blumenkästen bildet er bis zu 1 Meter lange hängende Ranken.

SAMMELN: Junge Blättchen und Blüten sammeln.

MYTHEN & WISSEN: Gund ist mittelhochdeutsch und bedeutet „Schleim, Eiter". Der Gundermann fördert die akute Bindung von giftigen Körpersekreten und Schwermetallen, sodass diese schnell ausgeschwemmt werden können. Früher tranken Maler Gundermanntee, um Vergiftungen durch bleihaltige Farben vorzubeugen.

KÜCHE: Gundermann schmeckt ausgeprägt herb-aromatisch. Ideal für Kräutersalze, Pestos, Würzöle, Kräuteraufstriche, Quiches, zum Würzen herzhafter Speisen und Grillgerichte und in Kräuterlikören. Besonders delikat als Dessert, mit Schokolade überzogen. Dosierung nach Geschmack, zu Beginn reichen 5 Blättchen im Grünen Smoothie, denn sie schmecken sehr intensiv.

AUF EINEN BLICK

Verwendete Pflanzenteile:
Blatt, Blüte

Erntezeit:
Blätter: März–Juli
Blüten: Mai–Juni

Inhaltsstoffe:
Gerbstoffe, Bitterstoffe, ätherisches Öl, Saponine

Eigenschaften:
Gundermann wird verwendet zur Behandlung von:
- chronischer Bronchitis
- chronischem Schnupfen
- Heuschnupfen
- Magenschleimhautentzündungen

HIMBEERE

Rubus idaeus

Die **HIMBEERE** und ihre Bedeutung für den Zellschutz und zur Krebsvorbeugung wird neuerdings von der Wissenschaft erforscht. Dass auch die Blätter essbar sind, wissen nur wenige.

STANDORT: Wächst auf der Waldlichtung und am Wegrand. Bevorzugt kalkarme Böden und sonnige Standorte.

SAMMELN: Die jungen Blätter ab April ernten, die Früchte in der Zeit von Juli bis September sammeln.

MYTHEN & WISSEN: Naturheilkundlich arbeitende Hebammen setzen Himbeerblättertee in der Geburtsvorbereitung zur Entspannung und Lockerung ein. In der Apotheke dienen Himbeerblätter als neutraler schmeckende „Fülldroge" für Kräutertees. Die Früchte sind reich an Pektin, das – ähnlich geriebenem Apfel – im Darm Giftstoffe binden kann.

KÜCHE: Die Frucht schmeckt süß-aromatisch. Im Grünen Smoothie bieten Himbeerblätter mit ihrem milden, an Apfelblüten erinnernden Geschmack im Sommer eine willkommene Abwechslung. Fermentierte Himbeerblätter schmecken ähnlich wie Schwarztee. Die Früchte gelieren im Smoothie stark, ergeben eine seidige Konsistenz für den Fruchtpudding.

AUF EINEN BLICK

Verwendete Pflanzenteile:
Blatt, Frucht

Erntezeit:
Blätter: April–September
Früchte: Mai–August

Inhaltsstoffe:
Gerbstoffe, Flavonoide, Antioxidantien, Vitamin C (Blätter)

Eigenschaften:
Himbeerblätter werden traditionell verwendet bei:
- Menstruationskrämpfen
- Bauchschmerzen
- Zahnfleischentzündung zum Spülen
- und in der Geburtsvorbereitung

HOPFEN

Humulus lupulus

HOPFEN ist ein Hanfgewächs. Sein herb-frisches Aroma und seine beruhigende Wirkung entfaltet er auch im Grünen Smoothie. Was vielleicht weniger bekannt ist: Die frischen Triebe sind im Smoothie ebenfalls eine Delikatesse.

STANDORT: Bevorzugt Auenwälder mit feuchtem Boden, ist in der Sonne oder im Halbschatten zu finden.

SAMMELN: Wir sammeln die jungen Triebe (Länge: ca. 20 Zentimeter) im April bis Anfang Mai. Die weiblichen Blütenzapfen im Juli und im August.

MYTHEN & WISSEN: Der Hopfen galt als Symbol der Fruchtbarkeit. Seine beruhigende Wirkung ist medizinisch erwiesen. Seine Phyto-östrogene können in den Wechseljahren ausgleichend wirken. In seltenen Fällen können frische Hopfenzapfen Hautrötungen hervorrufen. Nicht geeignet für Kinder unter zwölf Jahren.

KÜCHE: Die Spitzen der jungen Hopfentriebe verarbeitet man vor allem in Hopfenanbaugebieten als eine Art Spargelgemüse. Frisch kann man sie außer im Grünen Smoothie auch als Presssaft genießen. Die Blütenzapfen verarbeitet man zu Bier, Magenbitter oder beruhigendem, schlafförderndem Tee.

Hopfen (Blüte) ist von der Kommission E als beruhigende Arzneipflanze anerkannt.

AUF EINEN BLICK

Verwendete Pflanzenteile:
Blatt, Blüte

Erntezeit:
Blätter: April–Mai
Blüten: Juli–August

Inhaltsstoffe:
Bitterstoffe, ätherisches Öl, Flavonoide, Phytoöstrogene

Eigenschaften:
Hopfen ist hilfreich bei:
- Unruhe
- Schlafstörungen
- Hormonschwankungen in den Wechseljahren

KANADISCHE GOLDRUTE
Solidago canadensis

Die GOLDRUTE ist zum Thema „Detox, Entgiften, Entschlacken" unsere leistungsstärkste heimische Wildpflanze. Sie aktiviert die Nieren, fördert die Harnausscheidung und unterstützt so die Ausleitung von Schwermetallen.

STANDORT: Wächst bevorzugt auf Schutthalden, auf Kahlschlägen, an Ufern bis 1200 Metern Höhe.

SAMMELN: Die weichen biegsamen Triebspitzen von April bis Juni und die frisch aufgeblühten Blüten von Juli bis August ernten.

MYTHEN & WISSEN: Die kanadische Goldrute wurde Mitte des 17. Jahrhunderts aus Nordamerika nach Paris (in den Botanischer Garten) gebracht. Im 19. Jahrhundert war sie als dekorative Gartenstaude beliebt, ab da verbreitete sie sich schnell in ganz Europa. Sie wird bis heute als Bienenweide geschätzt.

KÜCHE: Die Goldrute schmeckt mild-grün und entwickelt gekocht oder angebraten als Antipasto ein leichtes Grüne-Bohnen-Aroma. Die Blüten schmecken aromatisch-herb und ein wenig nach Honig. Im Smoothie können Blätter und Blüten verwendet werden. Stängel schälen, wenn man nicht so viele Bitterstoffe mag. Die Blüten ergeben einen wohlschmeckenden Tee.

Die Goldrute (Kraut) ist von der Kommission E als Arzneipflanze für Harnwegserkrankungen anerkannt.

AUF EINEN BLICK

Verwendete Pflanzenteile:
Blatt, Blüte

Erntezeit:
Blätter: April–Juli
Blüten: Juli–Oktober

Inhaltsstoffe:
Saponine, Flavonoide, Bitterstoffe, ätherische Öle

Eigenschaften:
Goldrute wird eingesetzt zum Durchspülen bei:
- Harnwegsentzündungen
- Harnsteinen
- Nierengrieß

KAPUZINERKRESSE

Tropaeolum majus

KAPUZINERKRESSE ist die „Arzneipflanze des Jahres 2013". Sie hilft als pflanzliches Antibiotikum bei Erkältungen und Harnwegsinfekten. Es gibt Hinweise, dass das in ihr enthaltene Senföl Tumorentwicklungen hemmen kann.

STANDORT: Gedeiht im Garten und in Balkonkästen. In Europa ist es leider zu kalt für die Kresse als (heimische) Wildpflanze.

SAMMELN: Die Blätter, Blüten und Früchte ernten. Für den Winter kann man die Blätter gut einfrieren.

MYTHEN & WISSEN: Niederländische Seefahrer brachten die Kapuzinerkresse im 16. Jahrhundert von Peru nach Europa, wo sie zunächst in Klostergärten gezogen wurde. In der Naturheilkunde gilt sie als das Allheilmittel gegen Erkältungen und grippale Infekte. Die Senfglycoside werden über die Schleimhäute (Rachen, Mandeln) und Nieren ausgeschieden, wo sie direkt ihre antibiotische Wirkung entfalten.

KÜCHE: Die Kapuzinerkresse schenkt eine wohldosierte Schärfe. Blätter und Blüten isst man frisch in Salaten, die Früchte kann man wie Kapern in Salz oder Essig einlegen. Im Grünen Smoothie sind etwa 4 bis 5 Blätter die richtige Dosis.

AUF EINEN BLICK

Verwendete Pflanzenteile:
Blatt, Blüte, Frucht

Erntezeit:
Blätter: Mai–Frostbeginn
Blüten und Früchte: Juli–Frostbeginn

Inhaltsstoffe:
Senfglycoside, Flavonoide, Carotinoide, Vitamin C

Eigenschaften:
Die „Arzneipflanze des Jahres 2013" wirkt:
- antibiotisch
- virenhemmend
- pilzhemmend
- und hilft bei grippalen Infekten

KIEFER

Pinus sylvestris

KIEFERNTRIEBE verleihen einem Grünen Smoothie eine waldige Frische. Ein neues Geschmackserlebnis, das erst durch die heutige Mixertechnologie möglich ist.

STANDORT: Gedeiht auf trockenen, sandigen, auch kalkhaltigen Böden von Meeresdünen bis ins Hochgebirge.

SAMMELN: Junge hellgrüne Triebe und weiche Nadeln zum Aromatisieren der Smoothies sammeln.

AUF EINEN BLICK

Verwendete Pflanzenteile:
Triebe, junge Nadeln

Erntezeit:
Triebe und junge Nadeln:
Mai–Juni

Inhaltsstoffe:
Ätherische Öle, Harze, Flavo-noide, Vitamin C

Eigenschaften:
Bei Katarrhen der Luftwege wirken Kieferntriebe:
• Sekret lösend
• schwach antiseptisch

MYTHEN & WISSEN: Das Harz der Kiefern – Terpentin – wurde Jahrhunderte als Heilmittel angewendet: zum Einreiben und als durchblu-tungsfördernder Badezusatz. Aus Nadeln und jungen Trieben wird ätherisches Öl gewonnen, das zum Kurieren von Katharren der Atemwege eingesetzt wird. Überdosierung kann zu Vergiftung führen: als Tagesdosis gelten 6 bis 9 Gramm. Wegen des in den Nadeln enthal-tenen Menthols nicht bei Keuchhusten oder Asthma verwenden.

KÜCHE: Schmeckt harzig-frisch. In der moder-nen Naturküche stellt man aus den Trieben konzentrierten Sirup her, um Süßspeisen zu veredeln, oder man verwendet die Nadeln zum Spicken. Im Smoothie schmecken Kieferntriebe – als Gewürz dosiert, etwa ein junger hellgrüner Trieb oder 10 Nadeln – fantastisch in Kombi-nation mit dunklen Waldbeeren.

Die Kiefer (Triebe) ist von der Kommission E als Arzneipflanze anerkannt.

KOHLDISTEL

Cirsium oleraceum

KOHLDISTELN wachsen üppig und eignen sich hervorragend als Chlorophylllieferanten. Im Wilden Grünen Smoothie entwickelt sie eine angenehme Konsistenz, schmeckt ähnlich wie Kopfsalat, die Blütenböden erinnern an den Geschmack von Artischocke.

STANDORT: Wächst an Bachufern und in Gräben bis 2000 Meter Höhe. Bevorzugt feuchte, tonhaltige Böden.

SAMMELN: Junge Blätter und Blüten sammeln.

MYTHEN & WISSEN: Um die Kohldistel ranken sich weder Mythen, noch gibt es heilmedizinische Anwendungen. Sie wächst sehr dekorativ am Gartenteich, ist bei Rückschnitt innerhalb von zwei Wochen wieder erntereif und produziert den ganzen Sommer über wohlschmeckendes Blattgrün.

KÜCHE: Die Blütenböden haben einen leicht artischockenartigen Geschmack. Für die Ernährung waren die Disteln mit ihren Stacheln bisher wenig interessant. Der Hochleistungsmixer schafft hier neue Voraussetzungen, denn er zerkleinert die Stacheln zuverlässig. Die wenig stachelige Kohldistel kann man allerdings auch gut zu Wildkräuterspinat verarbeiten.

AUF EINEN BLICK

Verwendete Pflanzenteile:
Blatt, Blüte

Erntezeit:
Blätter: Juni–September
Blüten: Juli–September

Inhaltsstoffe:
Gerbstoffe, Flavonoide, Alkaloide (immer junge Blätter verwenden)

Eigenschaften:
Die Kohldistel ist ein unermüdlicher Chlorophylllieferant.

LINDE
Tilia grandifolia/Tilia cordata

LINDEN sind die einzigen Bäume, deren Blätter bis weit in den Sommer hinein für den Smoothie geerntet werden können. Ihre Blüten duften herrlich süß und entfalten im Smoothie ein blumiges, vollmundiges Aroma.

STANDORT: Linden wachsen meist in der Nähe von Siedlungen. Auf Dorfplätzen, in Gärten, in Alleen.

SAMMELN: Die Linde blüht kurz, nur etwa eine Woche lang. Die Blüten, an deren Staubgefäßen wir noch Pollen sehen, haben den intensivsten Duft und die meisten Inhaltsstoffe. Die Linde treibt bis August immer wieder junge, hellgrüne Blätter aus.

MYTHEN & WISSEN: Kelten und Germanen galt die Linde als heiliger Baum. Unter ihr wurde Recht gesprochen. Als Tanzlinde stand sie im Mittelpunkt dörflichen Brauchtums.

KÜCHE: Die jungen Blätter verwendet man im Salat, die Blüten als heißen Tee oder für ein erfrischendes Kaltgetränk. In der Türkei trinkt man Lindenblütentee als Nationalgetränk für das Wohlbefinden und wegen seiner temperaturausgleichenden Wirkung. Das junge Grün der Blätter verleiht Smoothies durch seine Schleimstoffe eine samtige Konsistenz.

Die Lindenblüte ist von der Kommission E als Arzneipflanze anerkannt.

AUF EINEN BLICK

Verwendete Pflanzenteile:
Blatt, Blüte

Erntezeit:
Blätter: Mai–August
Blüten: Juni–Juli

Inhaltsstoffe:
Schleimstoffe, Gerbstoffe, Flavonoide, ätherisches Öl

Eigenschaften:
Lindenblüten und -blätter stärken die Immunabwehr und lindern:
- Erkältungskrankheiten
- Reizhusten
- Fieber

LÖWENZAHN

Taraxacum officinale

LÖWENZAHN ist die Nummer eins der Kräuter für jede Frühjahrskur. Ihre sanften Bitterstoffe (Amara) aktivieren den Stoffwechsel, beseitigen Völlegefühl, verbessern die Nährstoffaufnahme des Körpers und die Muskelspannung.

STANDORT: Wächst auf Wiesen und Äckern und ist weit verbreitet.

SAMMELN: Das ganze Jahr junge hellgrüne Blätter sammeln. Blüten geben dem Smoothie ein honigsüßes Aroma (Blütenkopf mit den Fingern abzwicken). Allzu üppige Löwenzahnwiesen meiden: Sie weisen auf Überdüngung hin.

MYTHEN & WISSEN: Entgegen Gerüchten ist kein Teil dieser Pflanze giftig. Löwenzahn enthält 5-mal so viel Eiweiß, 8-mal so viel Vitamin C und doppelt so viel Kalium (bis zu 4,5 Prozent), Magnesium und Phosphor wie Kopfsalat. Als Kur maximal 3 bis 5 Wochen anwenden, der Körper gewöhnt sich sonst an die Bitterstoffe und wird desensibilisiert.

KÜCHE: Löwenzahnsalat gilt in Italien und Frankreich als Delikatesse. In England werden aus den Blüten Löwenzahnwein, -sirup und -honig hergestellt. Wem die Blätter nach der Blüte zu bitter schmecken, der wässere sie 1 bis 2 Stunden.

Die Blätter des Löwenzahns sind von der Kommission E als Arzneipflanze anerkannt.

AUF EINEN BLICK

Verwendete Pflanzenteile
Blatt, Blüte

Erntezeit:
Blätter: März–Frost
Blüten: März–April

Inhaltsstoffe:
Bitterstoffe, Mineralien, Schleimstoffe, Cumarine

Eigenschaften:
Löwenzahn wirkt aktivierend auf
- Galle
- Nieren
- Leber
- den Stoffwechsel (bei Rheuma)

LUZERNE
Medicago sativa

Die **LUZERNE** ist führend als grüner Eiweißlieferant. Als Superfood ist sie vor allem unter dem Namen ihrer Sprossen bekannt: Alfalfa.

STANDORT: Ausgewildert auf nährstoffarmen Böden.

SAMMELN: Die jungen Blätter und Blüten sammeln. Die Luzerne ist sehr schnellwüchsig und wächst üppig, öfter abschneiden und den neuen Austrieb ernten.

MYTHEN & WISSEN: Alfalfa ist der arabische Pflanzenname der Luzerne. Er bedeutet „gute Nahrung". Die Luzerne diente im Orient als Kraftfutter für Arabische Vollblüter. Amerikanische Rohköstler entdeckten sie und machten ihre Sprossen in Kalifornien populär. Die Luzerne wurde allerdings schon seit Langem angebaut: als Futterpflanze.

KÜCHE: Die jungen Blättchen und Blüten erinnern im Geschmack an Erbsen. Die älteren Pflanzen können recht bitter werden. Die jungen Blätter im Grünen Smoothie, als Spinat oder in Suppen verwenden. Die Blüten geben eine schöne essbare Dekoration.

AUF EINEN BLICK

Verwendete Pflanzenteile:
Blatt, Blüte

Erntezeit:
Blätter und Blüten: Mai–September

Inhaltsstoffe:
Eiweiß, Phytoöstrogene, Saponine, sehr viel Vitamin K, Calcium und Chlorophyll

Eigenschaften:
Luzerne hilft bei Wechseljahrbeschwerden und wirkt ausgleichend und aufbauend auf:
• Zellwachstum
• Herz-Kreislauf-System

MÄDESÜSS
Filipendula ulmaria

MÄDESÜSS verleiht Grünen Smoothies ein unvergleichlich blumig-süßes Aroma. Es enthält viel wertvolle Salizylsäure, eine Art natürliches Aspirin.

STANDORT: Wächst auf feuchten Böden, an Bachufern und in Gräben.

SAMMELN: Die Blätter ab April, die Blüten ab Juni ernten. Die süßen Blüten locken kleine Käfer an, deshalb: Blüten vor dem Verarbeiten 10 Minuten auf einen Tisch legen und die Tierchen krabbeln davon.

MYTHEN & WISSEN: Der Name „Mädesüß" ist vermutlich von met abgeleitet, denn die Blätter wurden dem Honigwein beigefügt. Aus Mädesüß wird bei Erkältungskrankheiten ein schweißtreibender, schmerzlindernder Tee zubereitet, volksmedizinisch wird das Kraut auch gegen rheumatische Erkrankungen und Gicht eingesetzt. Eine russische Veröffentlichung beschreibt eine ausgleichende Wirkung auf das Immunsystem und den Einsatz gegen Tumore.

KÜCHE: Blätter des Mädesüß haben ein leichtes Mandelaroma, die Blüten schmecken süß wie Holunderblüte mit einem Hauch Bittermandel. Und so sind diese Teile der Pflanze ideal zum Aromatisieren von Limonaden, Süßspeisen, Kuchen und Likören. Im Smoothie besonders harmonisch in Kombination mit Banane.

Das Mädesüß (Blüten und Kraut) ist von der Kommission E als Arzneipflanze anerkannt.

AUF EINEN BLICK

Verwendete Pflanzenteile:
Blatt, Blüte

Erntezeit:
Blätter: März–September
Blüten: Juli–August

Inhaltsstoffe:
Salicylsäure, Kieselsäure, bis zu 5 Prozent Flavonoide, Vanillin

Eigenschaften:
Bei Kopfschmerzen und Erkältungskrankheiten wirkt Mädesüß:
* schmerzlindernd
* schweißtreibend
* entgiftend

MALVE
Malva sylvestris

Die MALVE ist im wahrsten Sinne des Wortes der „Smoothie" unter den Wildpflanzen. Im Mixer entwickelt sie die perfekte Konsistenz, schmeckt angenehm mild und ist besonders reich an pflanzlichem Eiweiß, Kalium und Eisen.

STANDORT: Gedeiht auf sonnigen, trockenen Wiesen und an Mauern. Häufig enthalten in Blühmischungen, die im Rahmen staatlich geförderter Öko-Programme als Bienenweiden ausgesät werden.

SAMMELN: Von April bis Juli die Blätter, von Juni bis November die Blüten ernten.

MYTHEN & WISSEN: Der Name „Malva" leitet sich ab vom griechischen malakos, „weich". Zerreibt man Blätter und Blüte zwischen den Fingern, fühlt man den extrem hohen Anteil an Schleimstoffen – bis zu 10 Prozent. Sie besänftigen gereizte Magen- und Darmschleimhäute, indem sie eine Art Schutzfilm bilden.

KÜCHE: Malve schmeckt in allen Pflanzenteilen angenehm mild, frisch und glättend. Die jungen Blättchen und die Blüten eignen sich roh gut für vitaminreiche Salate, die Blätter zum Binden von Gemüse. Unter allen Wildkräutern gibt die Malve dem Smoothie die beste Konsistenz – es reicht auch schon, ein paar Blättchen zum Andicken mitzumixen.

Die Malve ist von der Kommission E als Arzneipflanze anerkannt.

AUF EINEN BLICK

Verwendete Pflanzenteile:
Blatt, Blüte

Erntezeit:
Blätter: April–Juli
Blüten: Juni–November

Inhaltsstoffe:
Schleimstoffe, Flavonglycoside, Malvin

Eigenschaften:
Die Malve wirkt gegen:
- Sodbrennen
- Reizmagen
- Schleimhautentzündungen in Mund, Rachen, Magen, Darm
- Reizhusten

MARIENDISTEL

Silybum marianum

DIE MARIENDISTEL ist die wichtigste Heilpflanze bei Lebererkrankungen. Auch wenn Leberleiden – durch Umweltgifte, Alkohol, Medikamente – zunehmen: Die Leber ist sehr regenerationsfähig, wenn man sie sinnvoll unterstützt. In der Naturheilkunde werden die Samen der Mariendistel eingesetzt.

STANDORT: Diese Distel mag es sonnig und trocken. Sie steht bei uns unter Naturschutz. Am besten – wie im Mittelalter – im Garten aussäen.

SAMMELN: Junge Blätter und Samen in der Zeit von Juni bis September ernten.

MYTHEN & WISSEN: Die Samen enthalten 1,5 bis 3 Prozent Silymarin, das regenerierend auf die Leber wirkt. Junge Blätter können als Presssaft oder Smoothie, im Hochleistungsmixer zubereitet, getrunken werden. Zur Vorbeugung von Leberleiden wird phytotherapeutisch eine Dosis von täglich 1 bis 2 Esslöffel Samen (gut gekaut, besser im Mixer zerkleinert) empfohlen.

KÜCHE: In der Küche ist die neutral-grün, leicht bitter schmeckende Mariendistel ohne Bedeutung.

Die Mariendistel (Samen) ist von der Kommission E als Arzneipflanze anerkannt.

AUF EINEN BLICK

Verwendete Pflanzenteile:
Blatt, Frucht

Erntezeit:
Blätter, Blüten und Früchte:
Juni–September

Inhaltsstoffe:
Silymarin, Öl, Eiweiß, Schleimstoffe

Eigenschaften:
Mariendistel wird eingesetzt gegen:
- Leberschäden
- Gallensteine
- Krampfadern

MEERRETTICH

Armoracia rusticana

DIE MEERRETTICHBLÄTTER sind die eigentliche Delikatesse – ein kraftstrotzendes üppiges Grün mit einer angenehmen Schärfe und damit eine Entdeckung für Grüne Smoothies.

STANDORT: Liebt Wildkrautfluren und Wegesränder, gedeiht auf nährstoffreichen Lehmböden.

SAMMELN: Die jungen Blätter von Mai bis August ernten. Rückschnitt regt das Wachstum an.

MYTHEN & WISSEN: Der Meerrettich ist reich an Senfglycosiden. Diese wirken antibiotisch und haben sich vor allem bei grippalen Infekten bewährt (siehe Kapuzinerkresse, Seite 161). Senfglycoside wirken ferner hemmend auf die Entwicklung von Tumoren. Sie sind in den Kreuzblütlern enthalten – in Rettich, Radieschen, Kresse, Brokkoli. Ihre Blätter und Sprossen eignen sich also als wertvolle Ergänzung von Smoothies – auch in Hinblick auf die Krebsvorsorge.

KÜCHE: Die jungen, frisch gehackten Blätter sind eine leckere Zutat für Salate und Suppen. Sie haben die typische Meerrettichschärfe, schmecken allerdings viel milder als die Wurzel.

Der Meerrettich (Wurzel) ist von der Kommission E als Arzneipflanze anerkannt.

AUF EINEN BLICK

Verwendete Pflanzenteile:
Blatt

Erntezeit:
März–August

Inhaltsstoffe:
Senfglycoside (Sinigrin), Flavonoide, viel Vitamin C

Eigenschaften:
Der Meerrettich wird eingesetzt bei:
- Verdauungsproblemen
- Harnwegsinfekten
- Infektionen der Atemwege
- und zum Zellschutz

MELDE

Atriplex

VEGAN TIPP

Die MELDE ist ein Amaranthgewächs. Amaranth als Getreide schätzen wir als Superfood wegen seiner hochwertigen essenziellen Aminosäuren. Und das Kraut steht den Samen an wertvollen Phytonährstoffen kaum nach.

STANDORT: Gedeiht auf nährstoffreichen, trockenen Böden. Als Pionierpflanze häufig auf Brachflächen zu finden.

SAMMELN: Von April bis Juni die Blätter, im Juli und August die Blütenknospen, anschließend die Samen ernten.

MYTHEN & WISSEN: Die Melde ist eng verwandt mit dem Guten Heinrich (*Chenopodium bonus-henricus*) und dem Weißen Gänsefuß (*Chenopodium album*). Alle drei sind wertvolle Nahrungspflanzen, die früher als Blattgemüse in den Bauerngärten ihren festen Platz hatten. In Aussehen und Inhaltsstoffen sind sie sich sehr ähnlich und werden in der Küche auch ähnlich verwendet. Die Melde verfügt über den höchsten Eisengehalt unserer heimischen Wildpflanzen, ist darum für Frauen und Veganer besonders wertvoll.

KÜCHE: Die Blätter aller Amaranthgewächse sind angenehm weich, schmecken spinatartig-nussig und lassen sich bis August hervorragend in herzhaften Grünen Smoothies verarbeiten. Die Blütenknospen kann man einfach mitmixen. Die Blätter eigenen sie sich außerdem für pikante Salate, als Spinat und für Gemüsefüllungen.

ACHTUNG! Wegen des hohen Oxalsäuregehalts roh nicht regelmäßig und höchstens 1 Handvoll verzehren.

AUF EINEN BLICK

Verwendete Pflanzenteile:
Blatt, Blüte

Erntezeit:
Blätter: Juni–September
Blüten: Juli–August

Inhaltsstoffe:
Saponine, Mineralstoffe, Oxalsäure, viel Vitamin B$_3$, C und Eisen

Eigenschaften:
Bei Gicht nur eingeschränkt geeignet (wegen der Oxalsäure).

MINZE

Mentha spicata agg.

MINZE wirkt direkt aufs Bauchgefühl: Sie beruhigt Magen und Darm, erfrischt die Seele und fördert die Konzentration. Köstlich für ein Kaltgetränk an heißen Sommertagen.

STANDORT: Wächst an feuchten und nährstoffreichen Standorten, an Ufern von Bächen, Gräben und Teichen.

SAMMELN: Für Smoothies Blätter und Blüten ernten. Rückschnitt fördert den frischen Nachtrieb.

MYTHEN & WISSEN: In der griechischen Mythologie war Minthe eine Berg-Nymphe, die in duftendes Kraut verwandelt wurde, um der Verführung durch den Gott der Unterwelt zu entgehen. Die Vielzahl wilder Minzen (es gibt Hunderte verschiedener Arten) wird unter dem Namen „Grüne Minze" zusammengefasst. Als Arzneimittel gilt nur die Pfefferminze (*Mentha x piperita*).

KÜCHE: Die wilden Minzen bilden mehr Blattgrün, schmecken milder und süßer als die scharfe Pfefferminze. Man verwendet sie als Tee und zum Würzen von Süßspeisen, Salatdressings und Obstsalaten. Besonders gut schmecken die mit Schokolade überzogenen frischen Minzblätter. Ein Stängel Minze verwandelt jeden Grünen Smoothie in einen Wildkräuter-Cocktail.

Minze (Pfefferminze / mentha x piperita, Blätter) ist von der Kommission E als Arzneipflanze anerkannt.

AUF EINEN BLICK

Verwendete Pflanzenteile:
Blatt, Blüte

Erntezeit:
Blätter: April–Oktober
Blüten: Juni–September

Inhaltsstoffe:
Sehr viel ätherisches Öl (3 Prozent), Gerbstoffe und Flavonoide

Eigenschaften:
Die Minze
- beruhigt Magen und Darm
- aktiviert die Gallenproduktion
- wirkt antibakteriell

RAINKOHL

Lapsana communis

RAINKOHL ist ein schmackhaftes Basiskraut für herzhafte Smoothies. Wie die Malve enthält er viele Schleimstoffe und schenkt darum dem Smoothie eine besonders schöne cremige Konsistenz.

STANDORT: Wächst im Halbschatten am Wegrand und im frisch umgegrabenen Garten, bevorzugt auf lehmigem Boden.

SAMMELN: Die jungen Blätter und Blüten ernten.

MYTHEN & WISSEN: Im Volksmund nennt man den Rainkohl auch „Hasenkohl", da er den Nagern besonders gut schmeckt. Durch seinen hohen Gehalt an Schleimstoffen wirkt er heilend auf Haut und Schleimhäute. Die Pflanze, vor allem die Wurzel, enthält Inulin. Der Presssaft wird daher zur Senkung des Blutzuckerspiegels getrunken.

KÜCHE: Für Smoothies verwendet man die jungen, krautigen Blätter: Sie schmecken frisch und leicht herb mit einem Hauch Kohlschärfe. Die jungen Blätter des Rainkohls sind auch köstlich in Salaten, als Spinat oder auf der Quiche.

AUF EINEN BLICK

Verwendete Pflanzenteile:
Blatt, Blüte

Erntezeit:
Blätter und Blüten: Mai–Oktober

Inhaltsstoffe:
Schleimstoffe, Bitterstoffe, Mineralien

Eigenschaften:
Rainkohl wirkt beruhigend:
- auf die Magenschleimhäute
- bei Reizdarm

ROSE
Rosa canina/Rose gallica

Die ROSE ist in doppeltem Sinn wertvoll; Rosenblätter wirken harmonisierend auf das Herz und im Herbst stärken die vitaminreichen Hagebutten die Immunabwehr. Die Früchte verfügen (neben Sanddorn und Aronia) auch über den höchsten Gehalt an Antioxidantien unter den Wildfrüchten.

STANDORT: Liebt Waldränder und Hecken, die stark duftende Apothekerrose (*Rosa gallica*) findet man im Garten.

SAMMELN: Im Sommer die Blütenblätter kurz vor dem Abblühen ernten. Die Hagebutten kann man sammeln, solange sie ihre schöne rote Farbe haben. Nach dem ersten Frost werden sie weich – und schmecken besonders süß.

MYTHEN & WISSEN: Die Rose als Symbol der Liebe spielt in allen Kulturen eine große Rolle. Im Mittelalter wurde die Apothekerrose in Klostergärten als Heilpflanze gezogen.

KÜCHE: Die duftenden Blütenblätter der Rose (Apotheker- oder Syltrose) werden zu Gelee oder Sirup verarbeitet oder gezuckert als Dekoration verwendet. Eine Handvoll Rosenblätter gibt Sommersalaten eine exquisite Note. Sie runden außerdem das Aroma jedes Tees harmonisch ab. Aus den reifen Hagebutten stellt man Marmelade und Wildfruchtliköre her.

Die Rose (Blüte) ist von der Kommission E als Arzneipflanze anerkannt.

AUF EINEN BLICK

Verwendete Pflanzenteile:
Blüte, Frucht

Erntezeit:
Blüten: Juni–Juli
Früchte: September–November

Inhaltsstoffe:
Frucht: Vitamin A, B, C, K und P, Antioxidantien, Pektin, Zucker

Eigenschaften:
Früchte und Blüten dienen:
• als kraftvolle Unterstützung des Immunsystems
• zur Vorbeugung gegen Erkältungskrankheiten
• dem Zellschutz

ROTKLEE
Trifolium pratense

ROTKLEE sorgt für entspannte Wechseljahre. Seine natürlichen Isoflavone können die nachlassende Östrogenproduktion ausbalancieren. In England und Amerika vertrauen die Frauen darum seit vielen Jahren auf Rotklee als Nahrungsergänzung. In Grünen Smoothies stehen die Wirkstoffe für den Körper am besten verwertbar zur Verfügung.

STANDORT: Gedeiht auf feuchten Wiesen mit nährstoffhaltigen Lehmböden.

SAMMELN: Junge Blätter und Blüten ernten.

MYTHEN & WISSEN: 4-blättrige Kleeblätter bringen Glück – und es gibt kaum jemanden, der beim Kräutersammeln nicht danach die Augen offen hält. In der Volksheilkunde gelten Tees mit Rotklee dank seines Reichtums an zellschützenden sekundären Pflanzenstoffen seit jeher als lebensverlängernd.

KÜCHE: Rotklee ist reich an pflanzlichem Eiweiß. Die Blätter schmecken angenehm mild, leicht erbsenartig, die Blüten angenehm süß. Beides kann man reichlich verwenden: in Salaten und für leckere Kräuterfüllungen.

AUF EINEN BLICK

Verwendete Pflanzenteile:
Blatt, Blüte

Erntezeit:
Blätter und Blüten: Juni–September

Inhaltsstoffe:
Gerbstoffe, Cumarin, Isoflavone, Glykoside

Eigenschaften:
Rotklee dient als wertvolle Nahrungsergänzung:
- bei Wechseljahrbeschwerden
- zur Krebsvorbeugung (Brust, Gebärmutter)
- zum Zellschutz

SAUERAMPFER

Rumex acetosa

SAUERAMPFER ist begehrt als Vitamin-C-Lieferant: Er schenkt Frühlingsfitness von innen. Ein paar Blättchen verleihen Smoothies die Frische von Limetten.

STANDORT: Wächst auf nährstoffreichen, feuchten Wiesen.

SAMMELN: Die jungen Blätter sammeln. 3- bis 4-maliges Abernten fördert den Austrieb frischer Blätter.

MYTHEN & WISSEN: Gesundheit für das ganze Jahr sollte es bringen, zu Gründonnerstag eine 9-Kräuter-Suppe zu essen, in der auch Sauerampfer enthalten war. Sauerampfer gehört in den Kräuterbuschen, also zu den zu einem Strauß gebundenen Kräutern, die in katholischen Regionen zu Mariä Himmelfahrt gesammelt und in der Kirche gesegnet werden. Sauerampfer enthält zwar viel Oxalsäure, jedoch kaum mehr als Rhabarber, Mangold oder Spinat.

KÜCHE: Die jungen Blättchen schmecken angenehm säuerlich. Man findet ihn traditionell zubereitet als Sauerampfersuppe, aber auch in Kräutersaucen, zu Fisch, als Sorbet oder als Erfrischungsgetränk, indem man den Presssaft mit Wasser verdünnt. 1 Handvoll Sauerampferblätter verleiht dem Smoothie sommerliche Frische.

ACHTUNG! Wegen des hohen Oxalsäuregehalts roh höchstens 1 Handvoll verzehren. Nicht bei Blasen- oder Nierensteinen.

AUF EINEN BLICK

Verwendete Pflanzenteile:
Blatt

Erntezeit:
März–Oktober

Inhaltsstoffe:
Eiweiß, Oxalsäure, Flavonoide, viel Vitamin C

Eigenschaften:
Sauerampfer ist für die Frühjahrskur geeignet. Er wirkt:
• blutreinigend
• harntreibend
• das Immunsystem stärkend

SAUERKLEE

Oxalis acetosella

SAUERKLEE wird auch „Alpenzitrone" genannt. Er ist sehr erfrischend – wunderbar zum Aromatisieren von Smoothies geeignet.

STANDORT: Gedeiht in Mischwäldern auf feuchtem, leicht saurem Boden.

SAMMELN: Die jungen Blättchen und die Blüten ernten.

MYTHEN & WISSEN: Früher pflückten sich die Wanderer ein paar Blättchen und kauten sie als Durstlöscher. Den Bauern galt der Sauerklee als „Zeigerpflanze": Blühte er reichlich, so stand ein nasses Jahr bevor.
Sauerklee enthält zwar viel Oxalsäure, jedoch kaum mehr als Rhabarber, Mangold oder Spinat.

KÜCHE: Die jungen Blättchen schmecken angenehm erfrischend und löschen den Durst. Lässt man 2 Handvoll Sauerklee über Nacht abgedeckt in 1 Liter Wasser ziehen, erhält man eine leckere Limonade. Ein paar Blättchen zieren Salat, Suppen und Desserts und geben ihnen ein köstlich zitroniges Aroma. Roh nicht mehr als 10 bis 20 Blättchen pro Tag verzehren.

ACHTUNG! Enthält viel Oxalsäure. Roh nicht mehr als 1 kleine Handvoll verzehren. Nicht bei Blasen- oder Nierensteinen essen.

AUF EINEN BLICK

Verwendete Pflanzenteile:
Blatt, Blüte

Erntezeit:
Blätter und Blüten: April–Juni

Inhaltsstoffe:
Oxalsäure, Vitamin C

Eigenschaften:
Sauerklee ist der ideale Durstlöscher für unterwegs, den uns die Natur kostenlos anbietet.

SCHAFGARBE

Achillea millefolium

SCHAFGARBE gehört zu den ältesten Heilpflanzen der Erde. Ihr Einsatzgebiet ist universell: krampflösend bei Bauchschmerzen, zur Wundheilung und zur Entlastung der Leber, unseres wichtigsten Entgiftungsorgans. Bei Bedarf einfach einige Blättchen in den Smoothie mixen.

STANDORT: Wächst auf Wiesen und Trockenwiesen bis in 1800 Metern Höhe. Pionierpflanze, ist also robust und anspruchslos.

SAMMELN: Die jungen Blätter und die Blüten von Juni bis Oktober ernten.

MYTHEN & WISSEN: Namensgeber der Schafgarbe (Achillea) war der griechische Held Achilles. Über Jahrhunderte wurde die Schafgarbe zum Verarzten blutender, infizierter Wunden eingesetzt. Auch heute können ein paar Blättchen Schafgarbe (z. B. im Smoothie) die Selbstheilungskräfte der Haut bei Schnittverletzungen oder Operationen verbessern. Schafgarbe wird bei schmerzhafter, langer Menstruation und in den Wechseljahren empfohlen. Bei akuten Magenschmerzen und Verdauungsbeschwerden gilt neben Tee vor allem Schafgarbenpresssaft als besonders wirkungsvoll.

KÜCHE: Die Schafgarbe duftet aromatisch und hat eine angenehm herbe Schärfe im Geschmack. Die Blättchen verwendet man in Suppen und Aufläufen, frisch gehackt in Kräutermischungen und zur Herstellung von Kräutersalzen.

Die Schafgarbe (Kraut, Blüte) ist von der Kommission E als Arzneipflanze für den Magen-Darm-Bereich anerkannt.

AUF EINEN BLICK

Verwendete Pflanzenteile:
Blatt, Blüte

Erntezeit:
Blätter: Februar–September
Blüten: Juni–Oktober

Inhaltsstoffe:
Ätherisches Öl (Azulen), Gerb- und Bitterstoffe, Flavonoide, Schleimstoffe

Eigenschaften:
Die Schafgarbe gilt volksmedizinisch das „Allheilmittel" bei sämtlichen Wunden und Entzündungen. Sie wirkt:
- entzündungshemmend
- wundheilungsfördernd
- krampflösend
- blutreinigend
- kräftigend

SCHARBOCKSKRAUT
Ranunculus ficaria

SCHARBOCKSKRAUT ist mit am Start, wenn die Wilde-Grüne-Smoothie-Saison im Frühjahr beginnt. Sein frisches Vitamin C vertreibt die Frühjahrsmüdigkeit.

STANDORT: Gedeiht auf feuchten Wiesen und an Bächen.

SAMMELN: Die jungen Blätter ernten. Wegen des zunehmenden Alkaloidgehalts nur vor der Blüte sammeln.

MYTHEN & WISSEN: In früheren Zeiten hat das Scharbockskraut mit seinem hohen Vitamin-C-Gehalt die Menschen vor der gefährlichen Vitaminmangelkrankheit Skorbut geschützt. Dieses erste Frühjahrsgrün wurde als Vitamin-Lieferant direkt frisch von der Wiese verzehrt.

KÜCHE: Scharbockskraut schmeckt nach knackfrischem Grün und hat eine leichte Schärfe, ähnlich wie Portulak. Man genießt es roh und so frisch wie möglich – in Salat, als grüne Sauce, auf Brot, im Smoothie.

ACHTUNG! Wegen des steigenden Alkaloidgehalts die Blätter roh nur vor der Blüte verzehren.

AUF EINEN BLICK

Verwendete Pflanzenteile:
Blatt

Erntezeit:
März–Mai

Inhaltsstoffe:
Vitamin C, Saponine, Gerbstoffe

Eigenschaften:
Scharbockskraut ist für die Frühjahrskur geeignet, denn es hilft Vitaminmangel zu beseitigen.

SPITZWEGERICH

Plantago lanceolata

SPITZWEGERICH ist die Erste Hilfe bei Husten. Durch den sehr hohen Anteil an Schleimstoffen (6 Prozent) besänftigt er die Atemwege sofort und: Bereits wenige Blättchen geben. Wilden Grünen Smoothies eine glatte Konsistenz.

STANDORT: Liebt Wiesen aller Art; kaum ein Wildkraut breitet sich so leicht aus.

SAMMELN: Das ganze Jahr die jungen Blättchen und, sobald verfügbar, die Blüten sammeln.

MYTHEN & WISSEN: Der Wegerich, der „Wegbeherrscher", galt als die zweitwichtigste aller germanischen Heilpflanzen (nach dem Beifuß). Er bietet Erste Hilfe auf Schritt und Tritt: Insekten- und Bienenstiche schwellen kaum an, wenn man ein Spitzwegerichblatt auf ihnen zerreibt. Zu Pflanzenbrei verarbeitet lindert er Blasen. Besonders hervorgehoben sei aber die milde, kraftvolle Heilwirkung bei Husten, die ihn gerade für kleine Kinder gut verträglich macht.

KÜCHE: Der Spitzwegerich schmeckt leicht waldig. Die Blüten haben ein leichtes Champignon-Aroma. Ist lecker in Suppen, in Ausbackteig, Kräutermischungen und Salaten und im Grünen Smoothie. Verarbeitet zu Spitzwegerichhonig ergibt das Kraut ein leckeres Hustenmittel, das Kinder lieben.

Der Spitzwegerich (Kraut) ist von der Kommission E als Arzneipflanze für Katarrhe der Luftwege anerkannt.

AUF EINEN BLICK

Verwendete Pflanzenteile:
Blatt, Blüte

Erntezeit:
Blätter: April–November
Blüten: Mai–September

Inhaltsstoffe:
Schleimstoffe, Gerbstoffe, Aucubin (frisch ein natürliches Antibiotikum)

Eigenschaften:
Der Spitzwegerich ist bei allen Erkältungskrankheiten angesagt. Er wirkt:
- hustenreizlindernd
- entzündungshemmend
- antibakteriell

TAUBNESSEL

Lamium

TAUBNESSELN halten ein wildes Geschmacks-ereignis für uns bereit. Goldnessel, Gefleckte Taubnessel und Weiße Taubnessel: Alle drei entwickeln auf der typisch nesseligen Grundnote eine eigenständige Geschmacksausprägung: die Goldnessel blumig-aromatisch, die Gefleck-te Taubnessel waldig mit Champignonnote, die Weiße Taubnessel mit einem Hauch Nektar.

STANDORT: Gedeiht an nährstoffreichen Stand-orten, hat es gern feucht und bevorzugt den Halbschatten.

SAMMELN: Blätter und Blüten ernten.

MYTHEN & WISSEN: „Wer sie genießt, lacht gern, denn ihre Wärme, die auf die Milz einwirkt, erheitert das Herz", so Hildegard von Bingen. In Schweden sagt man der Taubnessel traditionell eine gemütsaufhellende Wirkung nach. Ab dem Mittelalter wurde sie zur Behandlung von Haut-krankheiten und Geschwüren verwendet.

KÜCHE: Die Taubnessel schmeckt unverwech-selbar. Unter den Wildpflanzen ist es die, an der sich die Geschmäcker am häufigsten scheiden: Man mag sie oder man mag sie nicht. Hervor-ragend geeignet, um Kaltgetränke zu aromati-sieren, köstlich in frischen Kräutermischungen, in Salaten oder Kräutersaucen. Wilden Grünen Smoothies verleihen Taubnesseln einen so delikaten Geschmack, dass man auf aromatische Früchte gut verzichten kann.

Die Weiße Taubnessel (Blüte) ist von der Kommission E als Arzneipflanze anerkannt.

AUF EINEN BLICK

Verwendete Pflanzenteile:
Blatt, Blüte

Erntezeit:
Blätter: April–November
Blüten: Mai–November

Inhaltsstoffe:
Ätherisches Öl, Bitterstoffe, Gerbstoffe

Eigenschaften:
Die Taubnessel wird eingesetzt zur Behandlung von:
- Hautkrankheiten
- Entzündungen der Mund-schleimhaut

VOGELMIERE
Stellaria media

Die **VOGELMIERE** ist wohlschmeckend, vitaminreich und wächst schnell und üppig. Schon 50 Gramm dieses Krauts decken den Tagesbedarf eines Erwachsenen an Vitamin C.

STANDORT: Ist weltweit verbreitet, bevorzugt feuchte Böden. Hat sie sich erst einmal angesiedelt, entwickelt sie sich bald zum Bodendecker.

SAMMELN: Die ganzen Pflanzen knapp über dem Boden abschneiden.

MYTHEN & WISSEN: Erst Pfarrer Kneipp nahm die Vogelmiere in den Kreis der heilsamen Kräuter auf und setzte sie gern als schleimlösendes und beruhigendes Hustenmittel ein. Sie eignet sich gut für entlastende Frühjahrskuren und zur kalorienarmen Vitaminversorgung. In der Phytotherapie wird der Vogelmiere eine reinigende Wirkung über die Haut, unser größtes Ausscheidungsorgan, nachgesagt.

KÜCHE: Die Vogelmiere schmeckt knackig-frisch, ähnlich jungem Mais. Man verwendet sie frisch in Salaten und Kräutermischungen. Wer den Detox-Effekt über die Haut verstärken will, kombiniert die Vogelmiere mit Brennnessel und Gänseblümchen.

AUF EINEN BLICK

Verwendete Pflanzenteile:
Blatt, Blüte, Frucht

Erntezeit:
Blätter, Blüten und Früchte:
März–November

Inhaltsstoffe:
Vitamin C, Saponine, Mineralstoffe

Eigenschaften:
Die Vogelmiere ist hervorragend für die Frühjahrskur geeignet:
- entgiftend
- aufbauend

WALDERDBEERE

Fragaria vesca

WALDERDBEEREN schmecken süß, rein, fröhlich. Für den Grünen Smoothie können wir zusätzlich auch die Blätter als gesunden Chlorophyllträger verwenden.

STANDORT: Gedeiht auf Waldlichtungen mit nährstoffreichem Boden.

SAMMELN: Die Blätter am besten mit der Schere abschneiden.

MYTHEN & WISSEN: Erdbeeren dienten den Menschen bereits in der Steinzeit als Nahrung, daher die lateinische Bezeichnung vesca, „essbar". Zunächst Symbol der Sinneslust, wandelte sich die Erdbeere in der Kirchenkunst zur Marienpflanze.

KÜCHE: Die jungen, weichen Blätter schmecken frisch, blumig und leicht säuerlich. Am besten kommt ihr Aroma in Grünen Smoothies und Frühlingskräutersalaten zur Geltung. Erdbeerblätter bildeten früher mit Himbeer- und Brombeerblättern die Basis wohlschmeckender Kräutertees für den Wintervorrat.

AUF EINEN BLICK

Verwendete Pflanzenteile:

Blatt, Frucht

Erntezeit:

Blätter: April–September
Früchte: Juni–September

Inhaltsstoffe:

Flavonoide, Salicylsäure, Vitamine, Mineralstoffe

Eigenschaften:

Die Walderdbeere unterstützt Leber und Galle. Sie wirkt:
- blutbildend
- die Harnwege durchspülend

WEGWARTE

Cichorium intybus

AUF EINEN BLICK

Verwendete Pflanzenteile:
Blatt, Blüte

Erntezeit:
Blätter: Mai–September
Blüten: Juli–August

Inhaltsstoffe:
Bitterstoffe (Cichoriumsäure), bis
zu 58 Prozent Inulin in der Wurzel

Eigenschaften:
Als Amarum (Bitterpflanze) wird
die Wegwarte zur Aktivierung der
Gallenproduktion eingesetzt.

Die WEGWARTE ist mit dem Chicorée verwandt, wie man am lateinischen Namen erkennt. Und so ähneln sie sich auch im Geschmack, der mild ist mit einer feinen Bitternote.

STANDORT: Wächst an trockenen Wegrändern.

SAMMELN: Blätter und Blüten ernten.

MYTHEN & WISSEN: Ob sie wohl die berühmte Blaue Blume der Romantik ist? Wir wissen es nicht. Den Germanen galt sie als Zauberpflanze, die dabei hilft, Beliebtheit zu erlangen und seine Ziele schneller zu erreichen. Die Wegwarte beflügelte zu allen Zeiten die Fantasie, sie war ein Symbol für Sehnsucht – wurde aber auch stets sehr praktisch genutzt, als Hauptzutat für Zichorienkaffee zum Beispiel.

KÜCHE: In Ligurien wird die Wegwarte als Gemüse angebaut. Die jungen Blätter vor der Blüte geben wohlschmeckende Salate und sind köstlich in Smoothies. Während der Blüte reichern sich Bitterstoffe in den Blättern an, dann ggf. vor der Verarbeitung 1 bis 2 Stunden lauwarm wässern.

WEISSDORN

Crataegus monogyna

WEISSDORN ist das Universal-Herzmittel der Pflanzenheilkunde, wichtigstes Präventivthera-peutikum, er war die erste von der Kommission E untersuchte Heilpflanze. Ab vierzig steigt un-ser Blutdruck – Weißdorn-Smoothies bieten eine neue, völlig natürliche Möglichkeit, diesem Mechanismus entgegenzutreten.

STANDORT: Liebt sonnige Waldränder und Hecken auf kalkhaltigem Boden.

SAMMELN: Für Smoothies im Frühjahr die jun-gen hellgrünen Blättchen, die Blüten und die (herzwirksamen) Sommerblätter ernten.

MYTHEN & WISSEN: Mit Weißdornhecken schützten sich die keltischen Siedler gegen Zau-berei und Dämonen, aber auch gegen das wilde Umland. Der Weißdorn galt als der schützende Busch der Weißen Göttin Dana, vermutlich war es auch der Weißdorn, der Dornröschens Turm umrankte. Die kardiotonische Qualität des Weiß-dorns wurde durch den irischen Arzt Dr. Green erst Mitte des 19. Jahrhunderts entdeckt.

KÜCHE: Die jungen Blättchen schmecken im Salat oder Smoothie neutral-grün mit einem Hauch von Rose. Die Blüten geben ein ausge-prägtes Mandelaroma ab, das man auch gut für Liköre verwendet werden kann. Das feste Som-merlaub enthält die meisten Pflanzenstoffe, in Kombination mit den Blüten wird es in Herz-tonika verwendet.

Der Weißdorn (Blatt und Blüte) ist von der Kommission E als Arzneipflanze anerkannt.

AUF EINEN BLICK

Verwendete Pflanzenteile:
Blatt, Blüte

Erntezeit:
Blätter: April–August
Blüten: Mai–Juni

Inhaltsstoffe:
Flavonoide (z. B. Rutin), Procya-nide, Gerbstoffe

Eigenschaften:
Weißdorn wird als Heilpflanze eingesetzt bei:
- Herzbeschwerden
- zu hohem Blutdruck
- Arteriosklerose

WIESEN–BÄRENKLAU

Heracleum sphondylium

Für Smoothies nur Blüten und Samen verwenden!

WIESEN-BÄRENKLAU ist ein Genussmittel. Seine Blüten und Samen schmecken exotisch bitter-süß … wie Orangenlikör. Allein sie werden – wohldosiert – im Smoothie verarbeitet!

STANDORT: Wächst auf nährstoffreichen Wiesen, wird bis 1 Meter 50 hoch.

SAMMELN: Die junge Blätter (öfter abernten), Blüten und Samen ernten.

KÜCHE: Die Blätter geben im Frühjahr einen wohlschmeckenden, angenehm würzigen Spinat und eignen sich auf hervorragend für Pastagerichte. Sie enthalten 10 Prozent Zucker, Carotinoide, Eiweiß, Eisen, Kalium, mehr als 6-mal so viel Eisen, 8-mal so viel Calcium und 20-mal so viel Vitamin C wie Kopfsalat. Die hocharomatischen Blüten und Samenstände verwendet man zum Würzen von Süßspeisen und für Wilde Grüne Smoothies.

ACHTUNG! Die Blätter sind nur gekocht genießbar. Roh verzehrt oder zu Smoothies verarbeitet, brennt der Pflanzensaft auf der Zunge!

Verwechslungsgefahr mit Giftpflanzen mit ähnlichem Blütenstand, wie dem Schierling und der Hundspetersilie, die sich jedoch in Blattform und Stängel unterscheiden.

Die Pflanze enthält ätherisches Öl mit Furocumarinen, die Hautausschlag auslösen können. Man verwendet sie also nur wohldosiert als Gewürz.

AUF EINEN BLICK

Verwendete Pflanzenteile:
Blatt, Blüte, Frucht

Erntezeit:
Blätter (jung): April–Juli
Blüten, Früchte: Juli–September

Inhaltsstoffe:
Zucker, Carotinoide, Eiweiß, Kalium; viel Eisen, Calcium und Vitamin C

WIESEN-LABKRAUT

Galium verum

WIESEN-LABKRAUT bezaubert durch seinen feinen Duft wie Waldmeister. In Wilden Grünen Smoothies kommt sein Geschmack am besten zur Geltung, da die Blüten harmonisch im Blattgrün aufgehen.

STANDORT: Wächst auf Wiesen, bevorzugt sonnige Standorte mit lehmigen Böden.

SAMMELN: Im frühen Frühjahr die jungen, saftigen Triebe ernten. Ab Mai steht die krautige Pflanze in voller Blüte.

MYTHEN & WISSEN: Die Pflanze enthält das Labenzym, das früher zur Käsezubereitung verwendet wurde. Sie ist ein unermüdlicher Chlorophyllproduzent. Selbst im Winter findet man unter dem Schnee kleine Wiesen-Labkrautpflanzen.

KÜCHE: Die etwa 10 Zentimeter langen, saftigen Frühlingstriebe schmecken ausgezeichnet in Salaten oder im Smoothie. Das blühende Kraut eignet sich hervorragend zum Aromatisieren von Kaltgetränken und Süßspeisen. Im Hochleistungsmixer kann man die Stängel mit verwenden.

AUF EINEN BLICK

Verwendete Pflanzenteile:
Blatt, Blüte

Erntezeit:
Blätter: April–Mai
Blüten: Mai–September

Inhaltsstoffe:
Glycoside, Gerbstoffe, ätherisches Öl, geringe Mengen Alkaloide

Eigenschaften:
Das Wiesen-Labkraut wird in der Naturheilkunde eingesetzt zur
- Aktivierung der Nieren
- Entschlackung über die Lymphe

WILDE MÖHRE

Daucus carota

WILDE MÖHRE schmeckt noch intensiver als Karottengrün, das gern in Grünen Smoothies verwendet wird. Im Aroma wird das Pflanzengrün nur von den Blüten und Samen übertroffen.

STANDORT: Gedeiht auf Wildkräuterwiesen. Pionierpflanze, ist also zäh, robust und nicht besonders anspruchsvoll.

SAMMELN: Blätter, Blüten und Samen ernten.

MYTHEN & WISSEN: Die Wilde Möhre ist die Mutter unserer Möhren. Wie diese bildet sie eine ausgeprägte, bis zu 80 Zentimeter tiefe Wurzel, die ein hervorragendes Wildgemüse ergibt.

GESCHMACK & KÜCHE: Die jungen Blätter der Wilden Möhre verarbeitet man zu Wildkräuterspinat, -salat, verwendet sie für Füllungen und Aufläufe. Aus Blüten und Samen stellt man Kräutersalze und Pestos her oder würzt mit ihnen Grüne Smoothies.

ACHTUNG! Verwechslungsgefahr mit Giftpflanzen mit ähnlichem Blütenstand, wie dem Schierling und der Hundspetersilie, die sich jedoch in Blattform und Stängel unterscheiden.
Die Wilde Möhre gehört zu den Doldenblütlern mit Verwechslungsgefahr. Es gibt aber zwei klare Erkennungsmerkmale: 1. den eindeutigen Möhrenduft der Blätter und 2. den schwarzen Punkt, der sich in der Mitte der Blütendolde befindet.

AUF EINEN BLICK

Verwendete Pflanzenteile:
Blatt, Blüte, Frucht

Erntezeit:
Blätter: Mai–August
Blüten und Samen: Juni–Juli

Inhaltsstoffe:
Ätherisches Öl, Carotinoide, Pektine, hoher Mineralstoffgehalt, Vitamin B_3, B_2 und C

Eigenschaften:
Die Wilde Möhre ist reich an pflanzlichen Inhaltsstoffen. Sie fördert:
• Sehstärke
• Harnausscheidung
• und dient dem Zellschutz

ZAUNWICKE

Vicia sepium

Die ZAUNWICKE und ihre wilde Schwester, die Vogelwicke (*Vicia cracca*), schmecken angenehm nach frischen Erbsen. Ihre essbaren Blüten schmücken Grüne Smoothies und Wildkräutersalate.

STANDORT: Gedeiht an Waldrändern, in Hecken und auf feuchten Wiesen.

SAMMELN: Die jungen Triebe, die Blüten und die jungen, weichen Samenschoten ernten.

MYTHEN & WISSEN: Wicken sind eine sehr artenreiche Pflanzengattung. Manche werden wegen ihrer bodenverbessernden Eigenschaften und der hohen Dichte an Phytonährstoffen angebaut.

KÜCHE: Die jungen Triebe kann man von April bis Juni roh in Salat oder Smoothies verwenden oder als Spinat etwa 10 Minuten kochen, dann schmecken sie milder. Die Blüten verbinden den typischen Erbsengeschmack mit einer leicht süßen Nektarnote. Die jungen Samenschoten sind äußerst reich an Eiweiß.

AUF EINEN BLICK

Verwendete Pflanzenteile:
Blatt, Blüte, Frucht

Erntezeit:
Blätter, Blüten und Früchte: April–August

Inhaltsstoffe:
Gerbstoffe, Aspargin, Vitamine

Eigenschaften:
Die Pflanze dient seit der Steinzeit als Nahrungsmittel.

ANHANG
MIT SAMMELKALENDER

REGISTER DER REZEPTE

WICHTIGE PFLANZENSTOFFE AUF EINEN BLICK

Viele Wildpflanzen haben eine lange Tradition als Heilpflanzen. Ihre wichtigsten Wirkstoffe sind in den Pflanzenporträts (siehe Seite 136 ff.) aufgelistet. Diese sekundären Inhaltsstoffe sind für uns essenziell. Den Kulturpflanzen sind sie weitestgehend weggezüchtet, sodass wir sie uns durch „Nahrungsergänzungsmittel" wieder zuführen – oder einfach durch eine Handvoll Wildkräuter im Grünen Smoothie oder im Salat. Es gibt 30.000 bis 60.000 sekundäre Pflanzenstoffe, davon sind etwa 10.000 erforscht. Hier stelle ich Ihnen die wichtigsten vor.

Ätherische Öle

Ursel Bühring, die große Phytotherapeutin, nennt die ätherischen Öle auch „Geist und Seele einer Pflanze". Sie unterstützen das Immunsystem im Kampf gegen Infektionen von Bakterien, Viren und Pilzen. Hautbestandteil der ätherischen Öle sind Terpene. Sie dienen der Pflanze zur Kommunikation mit ihrer Umwelt, „kommunizieren" aber auch erfolgreich mit unserem vegetativen Nervensystem, wo sie ihre belebende bis entspannende Wirkung entfalten. Ätherische Öle verleihen den mediterranen Kräutern und Gewürzen Rosmarin, Basilikum, Thymian, Salbei und den Zitrusfrüchten ihren verführerischen Duft. Ihre Konzentration ist abhängig von Beschaffenheit des Bodens und der Intensität der Sonne. Bei uns kommen sie dezenter vor: in **Dost** (unserem heimischen **Oregano**), **Minze, Wiesenkümmel, Fenchel, Liebstöckel, Schafgarbe, Beifuß, römischer Kamille, Wiesensalbei**, in der **Rosenblüte** sowie in **Fichten-** und **Kiefernnadeln**.

Alkaloide

Die Dosis macht das Gift. Die bitter schmeckenden Alkaloide dienen der Pflanze vor allem als natürlicher Fraßschutz. Als Faustregel gilt: je älter die Pflanze, desto höher der Alkaloidgehalt. Im menschlichen Köper entfalten Alkaloide vielfältige Wirkungen auf das zentrale Nervensystem. Die Schwelle zwischen Genussmittel und Gift ist schnell überschritten: Wer weiß, dass auch der schwarze Pfeffer Alkaloide enthält und Nikotin ein Alkaloid ist, geht achtsamer damit um. Vergiftungen mit Tollkirsche, Schlafmohn, Fliegenpilz, geflecktem Schierling können sehr schnell tödlich sein. Darum nur die Pflanzen ernten, die Sie zweifelsfrei bestimmen können!

Bitterstoffe

„Bitter macht warm ums Herz", sagt ein altes Sprichwort der Heilpflanzenkunde. Und so wurden Bitterstoffe hauptsächlich zum Tonisieren eingesetzt – man könnte auch sagen gegen das ganze Spektrum an psychischem Unwohlsein von Winterdepression und Frühjahrsmüdigkeit über Null-Bock-Stimmung, quälende Selbstzweifel bis hin zum Burn-out-Syndrom. Empfohlen seien hier unter den Wildkräutern vor allem **Löwenzahn, Mariendistel, Schafgarbe, Wegwarte, Hopfen** und **Weißdorn**, unter dem Kulturgrün Endivie und Chicorée und zum Würzen Ingwer, Orange und Galgant. Galgant ist ein Hildegard-Gewürz und ähnelt dem Ingwer.

Cumarine

Die Cumarine sind in ihrem Gesundheitswert nicht unumstritten. Auch hier gilt: Die Dosis macht das Gift. In der Lebensmittelherstellung gibt es daher für Cumarin gesetzlich vorgeschriebene Grenzwerte: Die Faustregel lautet 0,1 Milligramm Cumarin pro Kilogramm Körpergewicht. Besonders hoch ist der Cumaringehalt in Zimt, Kurkuma und Tonkabohnen. In der Pflanzenheilkunde werden Cumarine zur Anregung des Lymphflusses und zur Aufhellung des Gemüts eingesetzt. In unseren heimischen Wildpflanzen kommt Cumarin vor allem in **Waldmeister** und **Labkraut** vor. Es entfaltet seinen speziellen Duft, wenn die Pflanzen vor dem Verarbeiten etwas anwelken. Bei der Aufnahme von mehr als 3 Gramm der Droge (das entspricht bei Waldmeisterbowle 13 Waldmeisterstängeln pro Liter*) kann es zu Kopfschmerzen und Übelkeit kommen. Dieses Beispiel nur, damit Sie ein Gefühl für die Dosierung bekommen.

Chlorophyll

Chlorophyll – das Blattgrün – absorbiert das Sonnenlicht und eröffnet uns durch die Fotosynthese eine unerschöpfliche, natürliche Energiequelle. Strukturell ist es unserem roten Blutfarbstoff (Hämoglobin) sehr ähnlich. Beide „Lebenselixiere" unterscheiden sich nur im Kern: Als Zentralion ist im Chlorophyll Magnesium, im Hämoglobin Eisen enthalten. Man unterscheidet mehrere Arten von Chlorophyll, die sich in ihrer Farbe unterscheiden: Chlorophyll a (Blaugrün), das für Landpflanzen typische Chlorophyll b (Gelbgrün), das für Algen typische Chlorophyll c (Grün) und diverse andere. Einen besonders hohen Chlorophyllgehalt haben Algen (Chlorella) und Wildkräuter (z. B. die Brennnessel). Chlorophyll unterstützt als wichtigster pflanzlicher Folsäure-Lieferant beim Menschen die Blutbildung. In der Phytotherapie

---

* Ursel Bühring: *Praxis-Lehrbuch der modernen Heilpflanzenkunde*, Seite 87

wird Chlorophyll als Chelat zur Ausleitung von Schwermetallen eingesetzt. Durch Chlorophyll wird Fruchtzucker langsamer verstoffwechselt und in weit geringerem Maß zu Körperfett umgebaut. Der Blutzuckerspiegel bleibt stabil, Heißhunger und plötzlicher Leistungsabfall bleiben aus. Durch diese Mechanismen eignen sich Grüne Smoothies ideal für Fastenkuren und Diäten, da der hohe Chlorophyllgehalt sowohl das Hungergefühl dämpft als auch freigesetzte Schadstoffe bindet.

Flavonoide

Flavonoide sind gelborange Farbstoffe – und sie gehören zu den wichtigsten Wirkstoffen der Pflanzenheilkunde. Laut der Deutschen Gesellschaft für Ernährung gibt es 6500 unterschiedliche Flavonoide. Viele sind hervorragende Antioxidantien, weshalb sie besonders zur Krebsvorbeugung und beim Anti-Aging eingesetzt werden. Unter den Wildpflanzen sind **Mädesüß, Mariendistel, Gänsefingerkraut, Johanniskraut, Linde, Taubnessel, Acker-Schachtelhalm** und **Weißdorn** flavonoidhaltig. Als weitere Zutaten für den Smoothie bieten sich Äpfel, Zwiebeln, grüner Tee, Heidelbeeren, Orangen, Preiselbeeren, Trauben und Tomaten an. Ihre vorrangige Wirkung liegt im Schutz der Kapillargefäße: ob in Venen, Herz oder Prostata.

Gerbstoffe

Gerbstoffe sind wasserlöslich, sie festigen das Eiweiß der oberen Haut- und Schleimhautschichten. Sie wirken zusammenziehend, wundheilend, entzündungshemmend, keimhemmend und regulierend bei Durchfall und Magenverstimmungen. Zubereitungen mit Gerbstoffen möglichst ungesüßt trinken, um Gärprozesse im Darm zu bremsen. In der Küche kennen wir die herb und leicht adstringierend schmeckenden Gerbstoffe des Schwarztees. Besonders viele Gerbstoffe sind enthalten in **Brombeere, Frauenmantel, Gänsefingerkraut, Himbeere, Walderdbeere** und **Gundermann**.

Glucosinolate/Senfölglycoside

Glucosinolate sind typisch für Kreuzblütengewächse: **Kapuzinerkresse, Brunnenkresse, Meerrettich**. Sie sind enthalten in Sprossen aus **Radieschen, Kohl** und **Brokkoli**. Bei Zellverletzungen der Pflanze zersetzen sich diese Verbindungen, es entsteht scharfes Senföl. Mit diesem scharfen Geschmack will sich die Pflanze vor Fraßschäden schützen. Durch Zerkleinern im Mixer wird der Gehalt an Senföl also maximal erhöht, durch Kochen wird er reduziert. In der gesunden Ernährung gelten Senfölglycoside als Geheimwaffe. Sie wirken antibiotisch, antivirostatisch und fungizid: zur Stärkung der Immunabwehr, bei Entzündungen im Nieren- und Blasenbereich, bei Infektionen der Atemwege und grippalen Infekten, Pilzinfektionen im Darm und zur Krebsvorbeugung sowie Unterstützung der Krebstherapie.

Kieselsäure

Kieselsäure ist die wasserhaltige Verbindung von Silizium mit Sauerstoff. In der Natur dient sie vor allem der Bildung von organischen Stützgeweben – der Festigkeit und Elastizität des Acker-Schachtelhalms ebenso wie dem Aufbau des menschlichen Bindegewebes, das allen Organen, Gefäßen und Knochen Elastizität und Halt verleiht. Kieselsäure wird traditionell als Nahrungsergänzungsmittel angeboten. Inzwischen ist allerdings erwiesen, dass das Ganze mehr als die Summe seiner Teile ist und die isolierte Substanz nicht an die Wirkung des pflanzlichen Originals heranreicht. Also – ran an **Acker-Schachtelhalm** und **Brennnessel**!

Phytoöstrogene

Die bekanntesten Phytoöstrogene sind die Isoflavone. Ihr Aufbau hat eine große Ähnlichkeit mit dem körpereigenen Östrogen, weshalb sie genutzt werden, um Wechseljahresbeschwerden entgegenzuwirken. Reich an Phytoöstrogenen sind unter den Wildkräutern **Rotklee** und **Hopfen**. Für den Smoothie auch interessant: Leinsamen.

Oxalsäure

Oxalsäure kann in Verbindung mit Calcium und Harnsäure zu Nierensteinen führen. Tipp für den Smoothie: Die Steinbildung kann aber durch natürliche Zitronensäure, wie sie in Früchten vorkommt, verhindert werden. Veganer sollten mit Oxalsäure vorsichtig sein: Sie erschwert die Aufnahme von Eisen im Darm.

Salicin

Salicin wird im Körper zu Salicylsäure umgewandelt. Diese wirkt fiebersenkend, schmerzlindernd, hilft bei Kopfschmerz, Stress und „Hangover". Salicin kommt vor allem in **Mädesüß** vor. Die natürliche Salicylsäure ist erheblich magenschonender als die synthetisch erzeugte Acetylsalicylsäure, wie wir sie vom *Aspirin* kennen. Bei starken Kopfschmerzen kann man auch einige Streifen Weidenrinde mit in den Mixer geben. **Weiden** (*Salicaceae*) galten in der Naturmedizin sprichwörtlich als *das* Schmerzmittel mit der höchsten Wirkstoffkonzentration an Salicin und waren daher namensgebend.

Saponine

„Saponin" leitet sich ab von lateinisch *sapor* (Seife). Sie erzeugen beim Mixen eine leicht schaumige Konsistenz und werden in der Pflanzenheilkunde vor allem verwendet, um die Aufnahme anderer Inhaltsstoffe zu fördern. So fördern z. B. **Melde, Gänseblümchen, Spinat** und Spargel die Aufnahme von Calcium. Saponine stimulieren die Drüsenfunktion, können dadurch zähen Husten lösen und durch Anregung der Schweißdrüsen bei Erkältungen zur Entgiftung über die Haut beitragen.

Schleimstoffe

Die wasserlöslichen Schleimstoffe binden viel Flüssigkeit (und die in ihr gelösten Stoffe) und lassen glatte, gelartige Konsistenzen entstehen. Diese legen sich wie ein Schutzfilm über gereizte Schleimhäute: bei Husten, Magenreizung, Sodbrennen. Sie wirken also giftbindend durch ihren aufsaugenden Effekt, sind somit ideal zur Entgiftung bei Diäten und Frühjahrskuren geeignet. Ihre Gleitfähigkeit macht sie zur perfekten Smoothie-Zutat bei Verstopfung und trägem Darm. Einen besonders hohen Anteil an Schleimstoffen haben **Malve, Spitzwegerich, Breitwegerich,** Apfel, **Linde** und **Lein**. Wilden Grünen Smoothies verleihen Wildpflanzen mit Schleimstoffen eine herrlich seidige Textur. Sehr gut geeignet also auch zum Binden von Fruchtpuddings und rohköstlichen Kaltschalen im Mixer.

Sulforaphan

Die antibiotische Wirkung der Senfölglycoside ist seit den 1950er Jahren bekannt. Die Wirksamkeit des Senfölglycosids Sulforaphan in Brokkolisprossen zur vorbeugenden und therapeutischen Krebsbehandlung erforscht aktuell Prof. Dr. Ingrid Herr, Universitätsklinikum Heidelberg, mit dem Deutschen Krebszentrum. Neueste Studien weisen darauf hin, dass Sulforaphan sogar die therapieresistenten Tumorstammzellen angreift.

SAMMELKALENDER FÜR WILDKRÄUTER

Der Smoothie-Sammelkalender umfasst die gesamte Vegetationsphase unserer häufigsten heimischen Wildkräuter. Für eine ausgewogene Ernährung müssen wir uns nicht – wie bei der Sammlung für medizinische Zwecke – auf den kurzen Zeitraum maximaler Wirkstoffkonzentration beschränken. Insofern weichen die Daten von üblichen Sammelkalendern ab.

Wildpflanze / Sammelzeit/Monat

Legende: Blätter (grün) · Blüten (rot) · Frucht/Samen (orange)

Wildpflanze	1	2	3	4	5	6	7	8	9	10	11	12
Acker-Schachtelhalm				Blätter	Blätter	Blätter	Blätter	Blätter				
Bach-Ehrenpreis			Blätter	Blätter	Blätter	Blätter	Blätter	Blätter	Blätter	Blätter	Blätter	
Baldrian					Blätter	Blätter	Blätter/Blüten	Blätter/Blüten	Blätter			
Beifuß***							Blüten	Blüten				
Breitwegerich					Blüten	Blüten						
Brennnessel, junge				Blätter	Blätter	Blätter	Blätter/Frucht	Blätter/Frucht	Blätter/Frucht			
Brombeere			Blätter	Blätter	Blätter	Blätter	Blätter	Blätter/Frucht	Blätter/Frucht	Blätter	Blätter	
Brunnenkresse			Blätter	Blätter	Blätter	Blätter	Blätter	Blätter	Blätter			
Dost						Blätter	Blätter/Blüten	Blätter/Blüten				
Echtes Labkraut												
Engelwurz					Blätter	Blätter	Blätter	Blätter/Frucht	Frucht			
Frauenmantel				Blätter	Blätter	Blätter	Blätter	Blätter				
Franzosenkraut				Blätter	Blätter	Blätter	Blätter	Blätter	Blätter	Blätter		
Fichtentriebe				Blätter	Blätter							
Gänseblümchen			Blätter/Blüten	Blätter/Blüten	Blätter/Blüten	Blätter/Blüten	Blätter/Blüten	Blätter/Blüten	Blätter/Blüten	Blätter/Blüten	Blätter/Blüten	Blüten
Gänsefingerkraut				Blätter	Blätter	Blätter	Blätter	Blätter				
Giersch						Blüten/Frucht	Blüten					
Goldrute							Blüten	Blüten	Blüten	Blüten		
Gundermann			Blätter	Blätter	Blätter/Blüten	Blätter/Blüten	Blätter					

*nur junge Blätter genießbar   **nur vor der Blüte genießbar   ***nicht für Allergiker

Wildpflanze — Sammelzeit/Monat

Legende:
- Blätter (grün)
- Blüten (rot)
- Frucht/Samen (orange)

Wildpflanze	1	2	3	4	5	6	7	8	9	10	11	12
Hopfen						Blätter	Blätter	Blüten	Blüten			
Kapuzinerkresse					Blätter	Blätter/Blüten	Blätter/Blüten	Blätter/Blüten	Blätter/Blüten	Blätter/Blüten	Blätter/Blüten	
Kiefernsprosse					Blätter	Blätter						
Kohldistel						Blätter	Blätter/Blüten	Blüten	Blüten			
Linde					Blätter	Blätter/Blüten	Blüten					
Löwenzahn			Blätter	Blätter/Blüten	Blätter/Blüten	Blätter	Blätter	Blätter	Blätter	Blätter	Blätter	
Luzerne						Blätter/Blüten	Blätter/Blüten	Blätter/Blüten	Blätter/Blüten			
Mädesüß				Blätter	Blätter	Blätter	Blätter/Blüten	Blüten	Blüten			
Malve				Blätter	Blätter	Blätter/Blüten	Blüten	Blüten	Blüten			
Meerrettich			Blätter	Blätter	Blätter	Blätter	Blätter	Blätter	Blätter	Blätter	Blätter	Blätter
Melde						Blätter	Blätter/Blüten	Blätter/Blüten				
Minze					Blätter	Blätter/Blüten	Blätter/Blüten	Blätter/Blüten	Blätter/Blüten	Blätter		
Rainkohl					Blätter	Blätter	Blätter	Blätter	Blätter	Blätter		
Rose						Blüten	Blüten		Frucht/Samen	Frucht/Samen	Frucht/Samen	
Rotklee					Blätter	Blätter/Blüten	Blätter/Blüten	Blätter/Blüten	Blätter/Blüten			
Sauerampfer*			Blätter	Blätter	Blätter	Blätter	Blätter					
Sauerklee*				Blätter/Blüten	Blätter/Blüten	Blätter/Blüten	Blätter/Blüten					
Schafgarbe		Blätter	Blätter	Blätter	Blätter	Blätter/Blüten	Blätter/Blüten	Blätter/Blüten	Blätter/Blüten	Blätter/Blüten		
Scharbockskraut**				Blätter	Blätter							
Spitzwegerich					Blätter	Blätter/Blüten	Blätter/Blüten	Blätter/Blüten	Blätter/Blüten	Blätter/Blüten	Blätter/Blüten	
Taubnessel					Blätter	Blätter/Blüten	Blätter/Blüten	Blätter/Blüten	Blätter/Blüten	Blätter/Blüten	Blätter/Blüten	Blätter/Blüten
Vogelmiere			Blätter	Blätter/Blüten	Blätter/Blüten	Blätter/Blüten	Blätter/Blüten	Blätter/Blüten	Blätter/Blüten	Blätter/Blüten	Blätter/Blüten	
Walderdbeere					Blätter	Blätter/Blüten	Blätter/Blüten	Blätter/Blüten	Blätter/Blüten	Blätter		
Waldhimbeere					Blätter/Frucht	Blätter/Frucht	Blätter/Frucht	Blätter/Frucht	Blätter	Blätter		
Wegwarte					Blätter	Blätter	Blätter/Blüten	Blätter/Blüten	Blätter/Blüten			
Weißdorn					Blätter/Blüten	Blätter/Blüten	Blätter/Blüten	Blätter				
Wiesen-Labkraut					Blätter/Blüten	Blätter/Blüten	Blüten	Blüten	Blüten	Blüten		
Wiesen-Bärenklau							Blüten/Frucht	Blüten/Frucht	Blüten/Frucht			
Wilde Möhre					Blätter	Blätter/Blüten	Blätter/Blüten	Blätter/Frucht	Frucht/Samen			
Zaunwicke					Blätter/Blüten	Blätter/Blüten	Blätter/Blüten	Blätter/Blüten	Blätter/Blüten			

LITERATURVERZEICHNIS UND WEBSITES

Bestimmungsbücher

Fleischhauer, Steffen Guido; Guthmann, Jürgen; Spiegelberger, Roland: *Essbare Wildpflanzen. 200 Arten bestimmen und verwenden.* AT Verlag, 2007
(Pflanzenbestimmung nach Blattformen)

Schauer, Thomas Dr.; Caspari, Claus: *Der BLV Pflanzenführer für unterwegs. 1150 Blumen, Gräser, Bäume und Sträucher.* BLV Buchverlag, 2008
(Pflanzenbestimmung nach Blütenfarbe)

Weitere Literatur

Boutenko, Viktoria: *Grüne Smoothies.* Hans Nietsch-Verlag, 2010

Bühring, Ursel: *Praxis-Lehrbuch der modernen Heilpflanzenkunde.* Sonntag-Verlag, 2005
(Das phytotherapeutische Grundlagenwerk zum Heilen mit Wildpflanzen)

Fleischhauer, Steffen Guido; Guthmann, Jürgen; Spiegelberger, Roland: *Enzyklopädie Essbare Wildpflanzen. 2000 Pflanzen Mitteleuropas.* AT Verlag, 2013
(Das Grundlagenwerk zu Wildpflanzen)

Habermehl, Gerhard G., Hammann, Peter E., Krebs, Hans C., Ternes, W.: *Naturstoffchemie. Eine Einführung.* Springer Verlag, 2002

Hirsch, Sigrid; Grünberger, Felix: *Die Kräuter in meinem Garten. 500 Heilpflanzen. 2000 Anwendungen.* Freya Verlag, 2013
(Wild- und Gartenkräuter in der Anwendung mit einem ausführlichen Einblick in Brauchtum und Mythologie)

Paume, Marie-Claude: *Grün, wild und schmackhaft.* Hans-Nietsch-Verlag, 2011
(Essbare Pflanzen unter Berücksichtigung rohköstlicher Ernährung)

Giegerenzer, Gerd: *Risiko. Wie man die richtigen Entscheidungen trifft.* C. Bertelsmann Verlag, 2013
(Statistische Bewertung von Krebs, Seuchen, Aktien und Fuchsbandwurm)

Guth, Dr. med., Christian; Hickisch, Burkhard: *Grüne Smoothies.* GU Ratgeber, 20136

Der kleine Souci, Fachmann, Kraut: *Lebensmitteltabelle für die Praxis.* Wissenschaftliche Verlagsgesellschaft, 2011
(Das Nachschlagewerk der Ernährungsberater zu Daten & Fakten unserer Nahrungsmittel)

Strassmann, Renato: *Baumheilkunde, Heilkraft, Mythos und Magie der Bäume.* Knaur MensSana, 2008

Phillips, Roger: *Wild Food.* Macmillan, 1983
(Englische Wild-Food-Rezepte und ihre Geschichte)

Robinson, Jo: *Eating on the Wild Side*. Little Brown and Company, 2013
  (Historisch-kritische Betrachtung der qualitativen Veränderung von Nährstoffen von Obst,
  Gemüse und Wildpflanzen)
Storl, Wolf-Dieter: *Pflanzen der Kelten*. AT-Verlag, 2007
Hildegard von Bingen: *Heilsame Schöpfung. Die natürliche Wirkkraft der Natur. Physica*.
  Beuroner Kunstverlag, 2012
Wacker, Sabine; Wacker, Andreas Dr. med.: *Basenfasten! Die Wacker-Methode*.
  Trias Verlag, 2011
Segnit, Niki: *The Flavour Thesaurus. Pairings, recipes and ideas for the creative cook*.
  Bloomsbury, 2010
  (Der innovative Geschmackskompass für kreative Köche)
Béliveau, Richard Prof. Dr. med.; Gingras, Denis Dr. med.: *Krebszellen mögen keine
  Himbeeren, Nahrungsmittel gegen Krebs*. Goldmann, 2010
Journal culinaire, *Kultur und Wissenschaft des Essens. No 12 „Kräuter"*. Edition Wurzer
  & Vilgis, 2011

Internet (Stand Februar 2014)
www.gruenesmoothies.de (Wöchentlich News zu Grünen Smoothies sowie ein ausführlicher,
  interaktiver Mixervergleich)
www.rki.de (Robert-Koch-Institut Berlin. Der aktuelle Stand der Wissenschaft zu Borreliose,
  Fuchsbandwurm und anderen Infektionskrankheiten)
www.bvl.bund.de (Bundesamt für Verbraucherschutz und Lebensmittelsicherheit)
www.essbare-wildpflanzen.de (Seite von Wildpflanzenexperte Steffen Guido Fleischhauer
  mit vielen Links)
http://buecher.heilpflanzen-welt.de/BGA-Kommission-E-Monographien/
  (Offizielle Liste Monographien der Kommission E / Phytotherapie)
www.herbalista.eu (Die Website der Autorin: Wildkräuter, Rezepte, Tipps & Informationen im
  Jahreslauf)

ÜBER DIE AUTORIN

Gabriele Leonie Bräutigam, M. A, studierte Soziologie, Germanistik, Philosophie, ist staatlich zertifizierte Kräuterführerin. Die Autorin arbeitete 20 Jahre als Werbetexterin, wurde 2010 mit dem *Best Text Award* ausgezeichnet. Heute engagiert sie sich im Bereich „Gesundheit, Ernährung und Phytotherapie mit Schwerpunkt Wildkräuter" – ihr Wissen gibt sie in Seminaren, Kräuterwanderungen, Workshops, Vorträgen und Fachpublikationen weiter. Gabriele L. Bräutigam ist verheiratet und lebt mit ihrem Mann und ihren beiden Söhnen in der denkmalgeschützten Oedmühle (*www.oedmuehle.net*) zwischen Franken und der Oberpfalz bei Nürnberg. Mehr über Wildkräuter, Rezepte und Heilwirkungen unter *www.herbalista.eu*

DANK

Dank allen, die mich ermutigt und mit Fachwissen unterstützt haben: Prof. Dr. rer. nat. Brehm für fundierte Auskünfte zum Thema „Fuchsbandwurm". Den Bio-Experten von *dennree* für die Unterstützung bei der Erstellung des Obst- und Gemüsekalenders. Steffen G. Fleischhauer, meinem großen Vorbild. Prof. Dr. rer. nat. Ingrid Herr von der Universitätsklinik Heidelberg für Auskünfte zu ihrem Forschungsprojekt über Brokkolisprossen. Stefan Wagner (*sw-nbg.de*), Küchenmeister und Hersteller von Rohstoffen für Spitzenköche, für Tipps zu Konsistenz und Küchentechniken. Manja Rupprecht (Stadtgarten-Projekt Nürnberg) für den Erfahrungsaustausch zum Thema „Urban Gardening". Und Dipl.-Geoökologe Michael Selinger (Umweltstation Waldsassen). Hans Nietsch und Lektorin Martina Klose für ihre Aufgeschlossenheit und Akribie, dem Fotografen Sammy Hart – awesome! – und dem Grafik-Designer Kurt Liebig für die Liebe, die sie in dieses Projekt investiert haben. Vor allem aber danke ich meiner Familie für ihre Liebe und Geduld.

Die in diesem Buch vorgestellten Informationen fußen auf Erkenntnissen traditioneller Natur- und Erfahrungsheilkunde und wurden von Autorin und Verlag sorgfältig recherchiert. Die Rezepte sind für gesunde Menschen gedacht. Aufgeführte Heilwirkungen und Anwendungen von Wildpflanzen haben lediglich informativen Charakter und sollen keine Anregung zur Selbstmedikation darstellen. Bei gesundheitlichen Problemen ist von Selbstmedikation abzusehen und der Rat eines Arztes oder Heilpraktikers einzuholen. Autorin und Verlag übernehmen keine Haftung für Ansprüche, die sich aus dem Gebrauch oder Missbrauch der Informationen und Rezepte ergeben.

Fotos: Sammy Hart
Lektorat: Martina Klose
Korrektorat: Petra Zwerenz
Layout und Satz: Kurt Liebig, Sandra Roth
Umschlaggestaltung: Kurt Liebig
Druck: Dimograf Druckerei GmbH, Bielsko-Biała/Polen

Hans-Nietsch-Verlag
Am Himmelreich 7
79312 Emmendingen

www.nietsch.de
info@nietsch.de

ISBN 978-3-86264-252-6

Pflanzenfotos: 140: Wikimedia Commons/MPF, 141: Wikimedia Commons/H. Zell, 142: Wikimedia Commons/Randy Nonenmacher, 143: istock/mb-fotos, 144: Wikimedia Commons/AnRo0002, 145: Gabriele L. Bräutigam, 146: shutterstock/Zoonar, 147: shutterstock/optimarc, 148: Wikimedia Commons/H. Zell, 149: Wikimedia Commons/Le.Loup.Gris, 150: istock/adisa, 151: istock/eurobanks, 152: Wikimedia Commons/Rasbak, 153: Wikimedia Commons/Aconcagua, 154: Wikimedia Commons/Thomas Quaritsch, 155: Wikimedia Commons/H. Zell, 156: Gabriele Meier, 157: Wikimedia Commons/Rasbak, 158: shutterstock/Vlad Siaber, 159: Wikimedia Commons/Hagen Graebner, 160: istock/mantonature, 161: shutterstock/varts, 162: istock/otorvo4ka, 163: Wikimedia Commons/Christian Fischer, 164: sutterstock/Evlakhov Valeriy, 165: sutterstock/Ansebach, 166: Wikimedia Commons/Victor M. Vicente Selvas, 167: istock/adel66, 168: istock/Display, 169: shutterstock/Artefficient, 170: shutterstock/Irina Borsuchenko, 171: shutterstock/Ingrid Maasik, 172: shutterstock/CHAIWATPHOTOS, 173: Wikimedia Commons/T. Voekler, 174: Wikimedia Commons/Jpwesel, 175: shutterstock/Ivan Smuk, 176: Wikimedia Commons/Dinkum, 177: Wikimedia Commons/Simonizer, 178: istock/orzeczenie, 179: obotanicoaprendiznaterradosespantos.bl., 180: wikimedia commons/rasbak, 181: Sonja Martin/alpenflora.ch, 182: Sonja Martin/alpenflora.ch, 183: shutterstock/rawcaptured, 184: sammy hart, 185: istock/Lu_Otr, 186: Sammy Hart, 187: Wikimedia Commons/A. M. Liosi, 188: istock/kschulze, 189: Wikimedia Commons/Anneli Salo

Marie-Claude Paume

Grün, wild und schmackhaft

Lebendige Nahrung gratis aus der Natur

150 Kräuter, Blüten, Beeren & Wurzeln und ihre Verwendung in der Küche

HANS-NIETSCH-VERLAG

ALLE REZEPTE SIND GLUTEN-FREI UND VEGAN!

LAURI BOONE

DAS GROSSE BUCH DER SUPER FOODS

Pflanzliche Supernahrung von Avocado bis Weizengras. Für Gesundheit, Leistungs- fähigkeit und das persönliche Wohlfühlgewicht

HANS-NIETSCH-VERLAG

Katja Lührs & Beate Förster

Smoothie fit

Vitalstoff-Cocktails für Wohlbefinden und Idealgewicht – ein Leben lang

MIT ÜBER 70 REZEPTEN

HANS-NIETSCH-VERLAG

Victòria Boutenko

Grüne SMOOTHIES

lecker, gesund & schnell zubereitet

Der Wunder- trank aus süßen Früchten und vitalstoffreichem Pflanzengrün – frisch aus dem Mixer!

HANS-NIETSCH-VERLAG